Eberson Terra

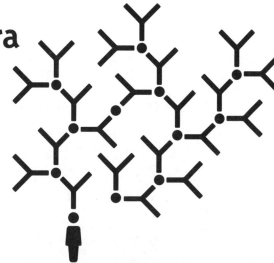

CARREIRAS EXPONENCIAIS

Torne-se o protagonista da sua própria **jornada profissional** e multiplique suas oportunidades na **Era digital**

Rio de Janeiro, 2021

Carreiras Exponenciais

Copyright © 2021 da Starlin Alta Editora e Consultoria Eireli.
ISBN: 978-65-5520-137-6

Todos os direitos estão reservados e protegidos por Lei. Nenhuma parte deste livro, sem autorização prévia por escrito da editora, poderá ser reproduzida ou transmitida. A violação dos Direitos Autorais é crime estabelecido na Lei nº 9.610/98 e com punição de acordo com o artigo 184 do Código Penal.

A editora não se responsabiliza pelo conteúdo da obra, formulada exclusivamente pelo(s) autor(es).

Marcas Registradas: Todos os termos mencionados e reconhecidos como Marca Registrada e/ou Comercial são de responsabilidade de seus proprietários. A editora informa não estar associada a nenhum produto e/ou fornecedor apresentado no livro.

Impresso no Brasil — 1ª Edição, 2021 — Edição revisada conforme o Acordo Ortográfico da Língua Portuguesa de 2009.

Erratas e arquivos de apoio: No site da editora relatamos, com a devida correção, qualquer erro encontrado em nossos livros, bem como disponibilizamos arquivos de apoio se aplicáveis à obra em questão.

Acesse o site **www.altabooks.com.br** e procure pelo título do livro desejado para ter acesso às erratas, aos arquivos de apoio e/ou a outros conteúdos aplicáveis à obra.

Suporte Técnico: A obra é comercializada na forma em que está, sem direito a suporte técnico ou orientação pessoal/exclusiva ao leitor.

A editora não se responsabiliza pela manutenção, atualização e idioma dos sites referidos pelos autores nesta obra.

Dados Internacionais de Catalogação na Publicação (CIP) de acordo com ISBD

T323c	Terra, Eberson
	Carreiras Exponenciais: torne-se o protagonista da sua própria jornada profissional e multiplique suas oportunidades na Era digital / Eberson Terra. - Rio de Janeiro, RJ : Alta Books, 2021.
	256 p. : il. ; 16cm x 23cm.
	ISBN: 978-65-5520-137-6
	1. Administração. 2. Carreira. 3. Jornada profissional. 4. Era Digital. I. Título.
2021-2737	CDD 650.14
	CDU 658.011.4

Elaborado por Vagner Rodolfo da Silva - CRB-8/9410

Rua Viúva Cláudio, 291 — Bairro Industrial do Jacaré
CEP: 20.970-031 — Rio de Janeiro (RJ)
Tels.: (21) 3278-8069 / 3278-8419
www.altabooks.com.br — altabooks@altabooks.com.br

Produção Editorial
Editora Alta Books

Gerência Comercial
Daniele Fonseca

Editor de Aquisição
José Rugeri
acquisition@altabooks.com.br

Diretor Editorial
Anderson Vieira

Coordenação Financeira
Solange Souza

Produtores Editoriais
Maria de Lourdes Borges
Thales Silva
Thié Alves

Produtora da Obra
Illysabelle Trajano

Marketing Editorial
Livia Carvalho
Gabriela Carvalho
Thiago Brito
marketing@altabooks.com.br

Equipe Ass. Editorial
Brenda Rodrigues
Caroline David
Luana Rodrigues
Mariana Portugal
Raquel Porto

Equipe de Design
Larissa Lima
Marcelli Ferreira
Paulo Gomes

Equipe Comercial
Adriana Baricelli
Daiana Costa
Fillipe Amorim
Kaique Luiz
Victor Hugo Morais
Viviane Paiva

Atuaram na edição desta obra:

Revisão Gramatical
Alessandro Thomé
Hellen Suzuki

Diagramação
Joyce Matos

Projeto Gráfico | Capa
Larissa Lima

Ouvidoria: ouvidoria@altabooks.com.br

Editora afiliada à:

Dedicatória

Dedico esta obra aos meus pais, que, apesar de todas as dificuldades pelas quais passaram, criaram seus três filhos com dignidade, sempre pautando nossa formação na ética e nos ensinando aquilo que mais importa: valores!

À minha amada esposa, Iara Vilela, que, além de ter sido a primeira leitora e revisora deste livro, me deu a honra de formar uma família ao seu lado e me ensina de fato o que é felicidade. Você é minha razão de viver.

Agradecimentos

No início de 2020, quando recebi o convite da Alta Books para escrever sobre gestão de carreira e liderança, meu sentimento foi de honra pela oportunidade, mas logo minha mente foi tomada por inúmeras preocupações.

A jornada para a publicação de um livro envolve muitas etapas, e a principal delas é a responsabilidade com o conteúdo — não apenas o zelo pela qualidade do material, mas como abordá-lo de uma forma clara, transparente e que impacte de verdade a vida das pessoas.

Escrever e lançar uma obra nos tempos atuais requer coragem, pois temos o desafio de traduzir vivências e visões de mundo particulares para serem consumidas por realidades tão diferentes que coexistem em nossa sociedade.

Beber do maior número de fontes disponíveis visando reunir respeitosamente a vastidão de diversidades não é uma tarefa fácil, e contar com o apoio de amigos foi essencial para este processo. Eles cederam gentilmente um pouco de seus conhecimentos para que esta caminhada chegasse a este exato momento: a sua leitura!

Muito obrigado, Marcelo Nóbrega, Taís Targa, Matheus de Souza, Deize Andrade e Du Godoy da Planalto, pelas brilhantes contribuições. Suas experiências foram essenciais para ampliar os exemplos reais que aparecem neste livro, tornando-o mais próximo do nosso cotidiano.

Minha profunda gratidão ao querido Marc Tawil, por aceitar o convite para ser o prefacista desta minha primeira aventura como escritor, trazendo um brilho especial com suas palavras inspiradoras.

Por fim, agradeço a cada profissional com quem tive a oportunidade de conviver ao longo da minha jornada: colegas, equipes e líderes inspiradores com quem aprendi e aprendo diariamente.

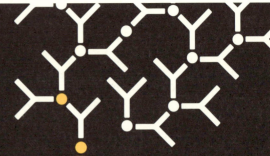

Sumário

Apresentação
O mundo mudou e — melhor — continuará mudando — 1

1. A pandemia que transformou para sempre o mercado de trabalho — 6
2. Nunca tivemos tantas gerações no mercado de trabalho — 10
3. Hoje — mais do que nunca — você deve ser o protagonista de sua jornada profissional — 14

Parte 1
Carreiras — 19

4. Carreira: uma questão semântica perigosa, se levada ao pé da letra — 20
5. Um novo modelo de "carreira" — 24
6. Não acredite em receitas de bolo se elas não podem ser adaptadas à sua realidade — 30
7. Por que Carreira Exponencial? — 36

Parte 2
Dimensões da Carreira Exponencial — 43

8. Dimensões da Carreira Exponencial — 44
9. PRIMEIRA DIMENSÃO: Renovação do Conhecimento — 48
10. SEGUNDA DIMENSÃO: Exposição Externa e Networking — 60
11. TERCEIRA DIMENSÃO: Rotação de Habilidades — 72
12. QUARTA DIMENSÃO: Adaptabilidade ao Novo — 80
13. QUINTA DIMENSÃO: Potência de Crescimento — 88
14. SEXTA DIMENSÃO: Trajetória de Vida — 96

Parte 3

Iniciando Seu Ciclo: Construindo uma Carreira Exponencial

105

15.	O famoso Propósito de Vida e as diversas transições de carreira	106
16.	As tão desejadas habilidades comportamentais (soft skills)	112
17.	Entendendo o novo momento das empresas para saber o real impacto em sua carreira	116
18.	Conhecendo o ambiente corporativo e suas armadilhas	124
19.	Iniciando um ciclo profissional vitorioso	128
20.	Mapeando a Cultura da Empresa: Jogos políticos e o poder nas organizações	134
21.	Planejando estrategicamente sua carreira	144

Parte 4

Potencializando Sua Produtividade por Meio da Postura Assertiva

155

22.	A produtividade é o combustível para uma Carreira Exponencial	156
23.	Ser um super-herói corporativo não é saudável	164
24.	Focando em atividades que geram valor	168
25.	Superando críticas e removendo rótulos	174
26.	Demonstrando resultados em ambientes sem confiança	182

Parte 5

Desenvolvendo a Sua Liderança

187

27.	Liderança empática: O que é e como ser um líder inspirador	188
28.	Formando um time vencedor	194
29.	Microgerenciamento, ansiedade e outros erros comuns de liderança	200
30.	Sendo o sucessor natural de seu líder e criando seus próprios sucessores	208

Parte 6

O Futuro do Trabalho na Era Digital

215

31.	Transformação digital e o futuro do trabalho	216
32.	Período sabático e as vantagens de dar uma pausa na carreira	222
33.	Nomadismo digital: trabalhando de qualquer lugar do mundo	230
34.	Movimento FIRE: Você já ouviu falar?	234

Conclusão

Felicidade é o que nos move

237

O autor

@ebersonterra

Eberson Terra é executivo da área da Educação, liderou times de mais de 2 mil pessoas e conquistou prêmios nacionais, como a Equipe Campeã do ReclameAqui em 2016. Após um período sabático, decidiu se tornar consultor de negócios e transição de carreira. É um dos Top Voices do LinkedIn mais lidos no Brasil, sendo que seu conteúdo foca o cotidiano do mundo corporativo, liderança, inovação e empreendedorismo.

Utilize o QR Code para acessar a playlist com entrevistas

Convidados

Marcelo Bueno
Cofundador e CEO da Ânima Educação S/A

Matheus de Souza
Escritor e professor de escrita criativa. LinkedIn Top Voice. Autor de "Nômade Digital", livro finalista do Prêmio Jabuti 2020 na categoria Economia Criativa

Arthur Rufino
CEO da Octa Economia Circular Automotiva

Elisa Tawil
LinkedIn Top Voice e fundadora do Movimento Mulheres do Imobiliário

Paula Bellizia
VP de Marketing da Google Latin America, ex-CEO da Microsoft Brasil e conselheira de empresas

Edu Lyra
Fundador e CEO da ONG Gerando Falcões

Nayara Moura
Rainha do Tarot. Historiadora e expert em Prevenção de Violência de Gênero pela Esneca Formácion da Espanha

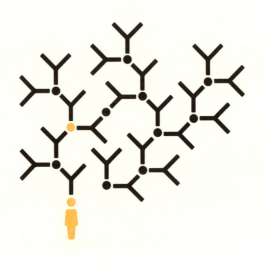

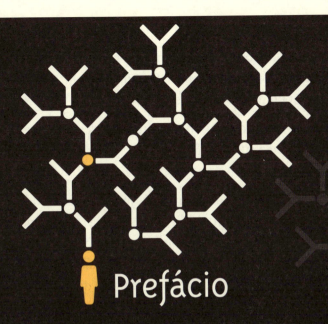

Prefácio

Quo Vadis

Eu devia ter uns 11 anos quando minha mãe me comprou o livro *Quo Vadis*, clássico publicado pelo polonês Henryk Sienkiewicz em 1895 e que apresenta ao leitor "a Roma dos Césares".

Na obra, e disso não me recordo, o autor nos apresenta Nero, o imperador que ficou conhecido pela sua megalomania, seus caprichos e sua crueldade.

Para a História, Nero Cláudio César Augusto Germânico, imperador romano que governou de 13 de outubro de 54 até a sua morte, em 9 de junho de 68, entrou como sendo aquele que ordenou aos seus homens que ateassem fogo em Roma, entre 18 e 19 de julho do ano 64 d.C., destruindo parte significativa da cidade, matando milhares de pessoas.

Biógrafos contemporâneos garantem, contudo, que Nero, apesar dos pesares, foi vítima de fake news (veja você), ou seja, o incêndio pode ter sido iniciado de forma não proposital.

Cito *Quo Vadis* não por Nero e nem por Roma, muito menos pelos Césares (imperadores), e sim pelo título. Em latim, *Quo Vadis* significa "para onde vais?", e, honestamente, essa é a única lembrança que guardo do livro, além de ele ter-me sido útil nas aulas de latim no Lycée Français de São Paulo.

Quo Vadis, o termo, se refere a um relato do Evangelho Apócrifo conhecido como "Atos de Pedro" (Manuscrito Vercelli XXXV).

Desconfio que "para onde vais?", passados 2 mil anos, seja a pergunta intrínseca que nos fazemos diante do espelho diariamente ao acordar e antes dormir.

Aliás, ela é uma das três perguntas fundamentais da humanidade: "Quem somos?"; "De onde viemos?"; "Para aonde vamos?"

Tive a chance de degustar *Carreiras Exponenciais* com o privilégio da antecedência. E fiquei imensamente feliz ao aprender que, nas páginas que você lerá a seguir, Eberson Terra apresenta um pensamento moderno, com linguagem simples e atual, num livro carregado de valores universais, como ética, humildade, tolerância, respeito e responsabilidade.

Adicione-se a isso uma curadoria criteriosa sobre as habilidades necessárias para encarar a maré de dados e oportunidades múltiplas que promete ser esta década.

Com pesquisa minuciosa e trazendo números, fontes e exemplos atuais, Terra nos comprova, por meio de sua tese, que os seis pilares escolhidos por ele — Renovação do Conhecimento, Exposição e Networking, Rotação de Habilidades, Adaptabilidade ao Novo, Potência de Crescimento e Trajetória de Vida — para uma Carreira Exponencial sãos fundamentos de todo e qualquer trajeto profissional que se preze na Era Digital.

Porque uma vida sem equilibro não é digna e nem plena.

Tomando gentilmente emprestado o conceito de exponencialidade (curva que sobe de forma ultrarrápida e impactante), o autor nos mostra que, nos anos 2020, os desafios estarão à altura das possibilidades — para quem quiser agarrá-las.

"Nossa intuição sobre o futuro é linear. Mas a realidade da tecnologia da informação é exponencial, e isso tem uma diferença profunda. Se dou trinta passos linearmente, são trinta passos. Se dou trinta passos exponencialmente, são bilhões de passos", vaticinou Ray Kurzweill, futurista norte-americano autor de *The Singularity Is Near: When Humans Transcend Biology* e cofundador da Singularity University.

Terra não deixa por menos: em *Carreiras Exponenciais*, ele trata deste mundo pandêmico "cada vez mais plural e menos linear" de forma prática e sem rodeios.

Aquela ou aquele que quiser desenvolver sua jornada profissional, lembra ele, precisará identificar e ampliar um novo conjunto de competências em torno do bem mais precioso para qualquer ser: sua trajetória de vida.

Por onde começar essa jornada? "Aprendendo a aprender", ensina Terra. Especialista na gestão do conhecimento, o autor é enfático ao dizer que "a disciplina pela busca de novas habilidades é a base para incorporar a educação continuada (ou lifelong learning) em seu processo de ascensão".

O networking e suas conexões de valor são outro trunfo da exponencialidade na carreira, assim como uma habilidade emocional pouco lembrada, porém absolutamente relevante: a perspicácia.

A pandemia da Covid-19 cristalizou aquilo que os anos 2010 já vinham mostrando: que a adaptabilidade ao novo é uma skill necessária para a assimilação de novos padrões culturais.

"Investir em um caminho visando sua ascensão profissional depende fundamentalmente do ambiente no qual você está inserido, mas também de sua proatividade", escreve o autor, lembrando o leitor de que o processo de ascensão profissional também depende da ambição de cada um.

Como seres únicos e indivisíveis, ainda pecamos naquilo que deveria ser a nossa principal virtude: a nossa multidisciplinaridade.

Nós nos esquecemos, quase sempre, da nossa vida pessoal.

Só que é essa trajetória pessoal, reforça Eberson Terra, alinhada com o momento de vida, o fator determinante para pavimentar, de forma harmoniosa, o nosso patamar para a elevação.

Bingo!

Se lhe perguntassem, em bom latim, *Quo Vadis*, você saberia responder?

Marc Tawil
Estrategista de Comunicação, escritor,
Nº1 LinkedIn Top Voices e TEDxSpeaker

Apresentação

O mundo mudou e — melhor — continuará mudando

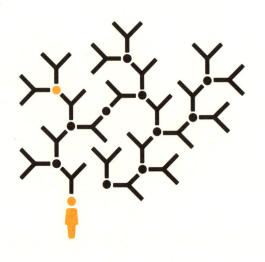

O que significa sucesso para você?

Quando comecei minha carreira lá nos anos 2000, carregava comigo crenças e valores que traduziam o que era o sucesso. O sonho na época era simples e linear: ter uma experiência longa, de preferência em uma grande empresa, e construir uma história sólida por meio do conhecimento técnico aprendido durante os quatro anos de graduação. Apenas doze meses após a minha formatura, o pensamento já era outro.

O ritmo impresso pela organização que me abriu as portas era alucinante. Apesar da pouca experiência, tive a oportunidade de transitar por projetos de diversos segmentos. Aquela bagagem preliminar permitiu que meu networking expandisse significativamente, e, por consequência, minhas oportunidades profissionais. Esse processo mudou totalmente o foco e a visão que eu tinha antes de ingressar no mercado de trabalho.

A pluralidade de tarefas e ambientes era tão grande, que percebi que minhas habilidades técnicas recém-adquiridas na faculdade foram reduzidas a apenas suporte teórico. A partir daquele momento, outras competências me foram exigidas, principalmente as sociais. Mesmo tendo a área de exatas como pilar em minha primeira formação (Análise de Sistemas), as mudanças no mercado de trabalho e principalmente nos métodos de gestão e administração me conduziram instantaneamente para outros ares. Quando paro para refletir sobre o caminho que percorri, vejo que essas mudanças de cenário estão ainda mais rápidas hoje, quase duas décadas após meu primeiro emprego.

Vivemos agora um momento único de inflexão na curva de nossa evolução tecnológica. Se, nos séculos XVII e XVIII, a Revolução Industrial mudou completamente a nossa forma de viver, hoje, essa transformação está muito mais rápida e agressiva. Com o mundo respirando novas tecnologias que surgem a todo instante, mais uma vez passamos por uma mudança significativa no nosso modelo de vida e principalmente nos nossos padrões de consumo.

Neste novo ambiente mutável, as relações humanas também sofreram profundas alterações. Enquanto a geração mais ativa economicamente nesta década, os *millennials*,[1] aprendeu a lidar com computadores, internet e outros dispositivos tecnológicos ao longo da infância e adolescência, os nativos digitais (geração Z) tinham celulares e tablets em suas mãos antes mesmo de começarem a andar. E esse efeito geracional caiu como uma bomba nas corporações quando este último grupo de profissionais chegou ao mercado. O choque de crenças e valores tão antagônicos no âmbito corporativo ecoou de diversas formas, mas principalmente desafiou as áreas de recursos humanos a lidar com toda a diversidade e ainda potencializar os resultados do negócio.

Se o momento é de incertezas, principalmente após a pandemia do coronavírus, este novo mundo que abre suas portas é um mar inexplorado de oportunidades. Aqueles que utilizarem suas habilidades para compreender como os mecanismos do mercado de trabalho funcionarão a partir de agora serão os mais preparados para conquistar carreiras sólidas e de sucesso.

Pensando justamente nessas mudanças estruturais que o mundo dos negócios vive e como elas impactarão para sempre o ambiente laboral, o mercado de trabalho e a vida dos profissionais, concebi *Carreiras Exponenciais*, um guia que reúne estratégias para a construção de sua história profissional de sucesso, dando total prioridade àquilo que mais importa: resultados práticos!

Este livro que está agora em suas mãos traça uma linha lógica de atividades de planejamento, exercícios práticos, cuidados e dicas para você potencializar sua carreira ao ápice, promovendo e conduzindo seu trabalho e suas habilidades ao encontro dos objetivos que as organizações mais anseiam hoje e que buscarão no futuro.

---

1 A geração Y, também chamada de geração do milênio ou geração da internet.

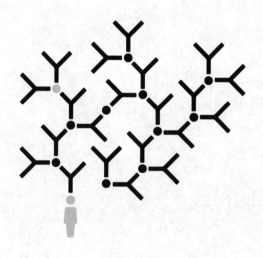

1

A pandemia que transformou para sempre o mercado de trabalho

"Estou sempre disposto a aprender, mas nem sempre gosto que me ensinem."
— Winston Churchill

Ao iniciar *Carreiras Exponenciais*, não imaginava que o conteúdo que estava organizando teria um novo e surpreendente elemento como pano de fundo: a Covid-19. O coronavírus assombrou o mundo em 2020 e forçou uma mudança no cotidiano de todos nós.

O mercado precisou se adaptar rapidamente às restrições de mobilidade impostas pela maioria dos países, e o isolamento social trouxe uma nova realidade para os negócios. Enquanto companhias aéreas, restaurantes, bares e outros estabelecimentos que funcionavam apenas em seus ambientes físicos estavam fechados, as demais empresas que conseguiram sobreviver à reclusão de trabalhadores e consumidores tiveram que estabelecer novas diretrizes para manter suas atividades. No final das contas, a criatividade foi um diferencial para que serviços e produtos chegassem ao consumidor final.

O *home office*, que antes era visto com certo ceticismo por diversos gestores mundo afora, foi a solução menos danosa para que a economia não ficasse totalmente paralisada. O período de adaptação precisou ser rápido para diminuir os impactos internos diante da crise que foi aos poucos se instaurando em todos os continentes.

A assustadora pandemia arrasou culturas, sentenciou milhares de pessoas à morte, e suas consequências econômicas levarão anos para serem compreendidas e contabilizadas. No mercado de trabalho, a relação entre empregado e empregador jamais será a mesma. A pandemia privou cada um de nós da liberdade de ir e vir, e isso deixou profundas marcas no ambiente e no desenvolvimento dos negócios. Gestores inexperientes em conduzir equipes à distância tiveram que aprender, literalmente da noite para o dia, a organizar atividades e acompanhá-las de uma maneira diferente, muitas vezes utilizando recursos tecnológicos, como salas virtuais para reuniões e ferramentas antes ignoradas, para checagem da evolução do trabalho.

Para os colaboradores, o desafio foi compreender que, apesar de estar em casa, muitos momentos deveriam ser de dedicação total e exclusiva à empresa. A procrastinação, a preocupação com o futuro e a organização das tarefas domésticas criaram um certo caos em todos os lares, até que cada um finalmente conseguisse se adaptar e encontrar o melhor formato de trabalho. Apesar da quarentena inevitável e da tragédia que perdurou por meses a fio, aprendemos a duras penas novos meios de fazer negócios, fechar contratos, trabalhar de casa e efetivamente utilizar a tecnologia ao nosso favor.

Esse exercício de adaptação que aguçou nosso instinto de sobrevivência foi uma forte comprovação de que podemos e devemos nos moldar a qualquer modelo de carreira que nos seja apresentado ao longo de nossa vida profissional.

Carreiras Exponenciais, portanto, se tornou um livro ainda mais necessário para quem entendeu que a volatilidade de nossa sociedade será o fator crítico para seu sucesso profissional, não apenas no momento pós-pandemia, mas para sempre!

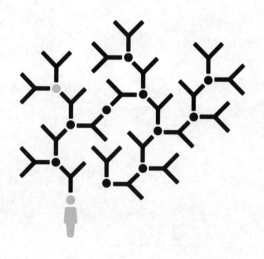

2

Nunca tivemos tantas gerações no mercado de trabalho

> "O choque de gerações só acontece quando o novo é novo e o velho é velho. Quando o novo se torna velho, as gerações se reencontram."
>
> **— Dimas Deptulski**

Provavelmente você já viu em algum lugar a forma com que diversos pensadores resumiram a essência das últimas gerações. Tentando facilitar o entendimento de como as gerações são diferentes entre si, eles acabaram classificando-as de acordo com suas crenças fundamentais, suas próprias vivências e com a forma que pensam até hoje.

Eles criaram generalizações de comportamentos e características que nos soam muito familiares, como na resenha histórica contada a seguir. Mesmo que a conheça, vale refletir sobre o tema, já que ela contribui sensivelmente para o cenário que se apresenta no mundo do trabalho de hoje.

Nossos avós, em sua maioria formada por *baby boomers* (nascidos entre 1940 e 1960), marcaram a geração do casamento duradouro, dos muitos filhos e do cultivo familiar. Eles passaram para os nossos pais, em sua maioria da geração X (nascidos entre 1960 e 1980), além dessas crenças e valores, suas próprias frustrações, entre elas a de monotonia de terem passado a vida em um único emprego ou experiência profissional, tendo conquistado poucos recursos financeiros.

Por sua vez, nossos pais, que viveram em uma época diferente, concentraram-se em explorar experiências profissionais e a conquista de coisas materiais, como uma casa quitada e um carro do ano. Tudo isso para suprir os anseios de seus antecessores, e acabaram, por consequência, virando a geração do divórcio.

Logo, os filhos dessa geração também foram doutrinados em crenças, valores e principalmente frustrações, transformando-se em adultos da geração "você tem liberdade e tranquilidade para escolher qualquer coisa", traduzindo sua visão de mundo como uma vastidão de experiências, não tendo necessariamente que se prender a um emprego, busca de estabilidade ou tranquilidade financeira. A essa geração, dos nascidos entre 1980 e meados de 1990, damos a letra Y.

Por fim, hoje temos a geração Z, a dos nativos digitais (nascidos a partir do fim dos anos 1990), chegando ao mercado de trabalho com ideais de vida bastante diferentes. O foco no "fazer diferente", em ser criativo e, principalmente, com olhar no pensamento comunitário trouxe uma completa dicotomia em relação ao egoísmo profissional que rotulou por tempos a geração X.

Agora, imagine que os avanços tecnológicos e da medicina nas últimas décadas permitiram que as pessoas vivam mais e melhor, tendo qualidade de vida mesmo na terceira idade.

Existindo então mais força e entusiasmo para se manterem produtivas, é cada vez mais comum que as pessoas das gerações mais antigas deixem de lado a aposentadoria e continuem no mercado. Isso criou uma miscigenação geracional nunca vista, reunindo pela primeira vez na história quatro gerações convivendo em um mesmo ambiente de trabalho, formando equipes totalmente heterogêneas.

Ao receberem ao mesmo tempo tantas gerações em seu quadro de colaboradores, o maior desafio das empresas passou a ser uma efetiva retenção de talentos, que, se antes poderia ser facilmente "comprada" com bônus e aumentos de salário (foco principal das gerações X e Y), agora precisam considerar valores sociais condizentes com a exigência de todos esses grupos de trabalhadores.

A cada dia, fica mais evidente que poucas organizações se prepararam para este momento crucial, que mistura distorções de comportamentos de seus consumidores na mesma velocidade em que aumenta seu *turnover*[1] interno.

. . . .

1 Termo em inglês que significa "virada" ou "renovação". Para o mundo corporativo, corresponde ao índice de renovação (saída e necessidade de substituição) de colaboradores da empresa.

Se analisarmos a mesma situação sob a ótica do profissional recém-chegado ao mercado, observamos uma preocupação menor com um emprego fixo que garanta seu sustento mensal. Isso não quer dizer que essa geração não dê importância a cargos ou dinheiro, e sim que temas como qualidade de vida e o ajuste a valores e crenças são prioritários. Para eles, ter liberdade e viver bem vem antes de um carro novo, e, na minha opinião, devíamos todos aprender com essa garotada, já que é algo bem destoante das gerações anteriores! O fator geracional, as mudanças econômicas e a evolução tecnológica formam o tripé que sustenta e dita a vida corporativa contemporânea. De pequenas empresas até organizações de capital aberto, todas, sem exceção, não sobreviverão caso dispensem um desses alicerces. Cada vez mais, teremos profissionais das novas gerações chegando ao mercado de trabalho e trazendo consigo suas preocupações com a economia local, a sustentabilidade e principalmente a aderência do propósito da empresa com o seu próprio.

E você, independentemente da sua geração ou relação de trabalho, assim como todos os trabalhadores, já sente os efeitos dessa simbiose comportamental sendo exigida em sua rotina diária. Então, a pergunta que fica é: como se destacar nesta vastidão de ideias e ideais?

O segredo é conhecer profundamente a cultura do seu atual ambiente de trabalho!

3

Hoje – mais do que nunca – você deve ser o protagonista de sua jornada profissional

"Encare a realidade como ela é, e não como você queria que fosse."

— Jack Welch

O conceito de construção de carreira que conhecíamos não existe mais. Até meados dos anos 1990, o modelo tradicional de ascensão profissional carregou muito do modelo taylorista, ou seja, assim como a indústria do século XX era baseada na eficiência operacional e em cadeias produtivas sequenciais, nossas carreiras também eram compreendidas pelos departamentos de RH das empresas como uma evolução sequencial, de papéis, salários e tarefas a cumprir.

Por décadas, a responsabilidade de zelar pela carreira dos colaboradores de uma empresa era da sua área de gestão de pessoas, por meio da sistematização de planos de cargos, que, apesar de bem desenhada, limitava os caminhos que determinado colaborador poderia trilhar dentro da organização, trazendo efeitos desastrosos para a própria companhia.

Esse efeito colateral pode ser visto em uma pequena experiência que presenciei no início da minha vida profissional. Na época, eu trabalhava como desenvolvedor de softwares e tinha dois colegas de trabalho que desempenhavam a mesma função com total maestria. Entregavam projetos com muita qualidade e agilidade, e isso fez com que os executivos da companhia os vissem com bons olhos. Com a expansão da concorrência, os diretores decidiram oferecer um pacote de retenção àqueles talentos, transformando-os em gerentes. A equipe de RH era tão engessada, que via a mudança de cargo como a única forma de oferecer um salário mais alto aos funcionários, e em nenhum segundo avaliou a capacidade deles para o cargo e nem houve qualquer treinamento para tal. Após assumirem suas novas posições, obviamente, começaram os problemas. Enquanto as entregas operacionais eram brilhantes, agora, como gerentes, suas práticas não funcionavam tão bem assim. As posições deixadas foram ocupadas por profissionais iniciantes, e isso fez com que os novos líderes perdessem a paciência com erros pequenos. Por conta da pressão e por não terem a habilidade adequada para a nova função, os agora "ex-talentos" acabavam açoitando seus subordinados, pegando eles próprios o trabalho para fazer e até mesmo chegando a comportamentos extremos, como assediar integrantes de suas equipes. Foi quando ouvi pela primeira vez a célebre frase: "Perdemos um excelente desenvolvedor e ganhamos um péssimo gerente."

Sem sombra de dúvidas, a decisão não foi tomada por meio de uma análise de competências adequada; foi uma tentativa de resolver o problema se ajustando paliativamente a regras estabelecidas, em vez de refletir se elas ainda faziam sentido para aquele novo cenário.

Hoje, após as mudanças que a tecnologia trouxe ao mundo, podemos ver um processo de horizontalização e simplificação das organizações. Enquanto antes a força da liderança era evidenciada em organogramas piramidais, agora conseguimos enxergar ações que valorizam o empoderamento de todos os níveis hierárquicos, para que tenham condições de resolver problemas para manter a satisfação de seus clientes sem a necessidade de regras padronizadas ou burocráticas.

Essa mudança de pensamento começou a aparecer com mais força quando o nível de exigência dos consumidores aumentou, produzindo uma corrida para a melhoria de serviços das empresas que não estavam mais surfando confortavelmente sozinhas no mercado.

Um dos casos de sucesso dessa quebra de paradigmas aconteceu no início dos anos 1980, na companhia aérea escandinava SAS, cuja crise sem precedentes fez com que o CEO da época, Jan Carlzon, repensasse completamente seu modelo de negócios. Na época, ele resolveu dar total poder aos níveis mais operacionais da empresa, e, em um curto período, a SAS se tornou uma das mais premiadas e admiradas companhias do mundo. Caso tenha interesse em conhecer mais sobre a história, procure o livro *A Hora da Verdade*, escrito pelo próprio executivo e que foi publicado no Brasil pela editora Sextante. Você verá que, mesmo após décadas, a estratégia continua muito atual.

Com essa adequação de foco, colocando o cliente, e não mais a cadeia produtiva, como centro de seus processos empresariais, as organizações começaram a dar mais voz aos colaboradores, principalmente àqueles que lidam diretamente com as dores do consumidor.

Observando essa tendência, equipes multifuncionais foram formadas com o intuito de resolverem juntas os problemas internos, e o sucesso dessa tática ganhou mais espaço, permitindo que esses grupos ocupassem papéis importantes na tomada de decisão dentro da organização. Com o modelo de "autogestão", os *squads*[1] viraram solução para os antigos processos engessados, mas, em contrapartida, o protagonismo individual ficou mais difícil de aparecer, já que todos os membros das células têm praticamente os mesmos deveres e responsabilidades.

E se antes a empresa tinha um mapa de possibilidades para cada indivíduo por meio de um "plano de carreira", agora quem consegue se destacar tem a oportunidade de determinar seu próprio futuro. Logo, compreender que a área de recursos humanos não é mais a grande tomadora de decisão do futuro do colaborador na empresa se torna o primeiro passo para o profissional buscar a sua ascensão.

---

1 Pequenos grupos multidisciplinares com objetivos específicos, que têm autonomia o suficiente para tomar decisões.

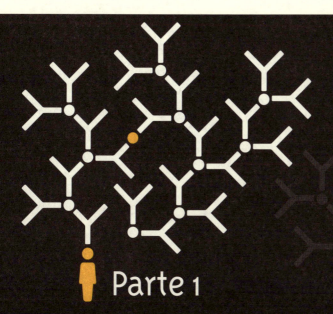

Parte 1

Carreiras

4

Carreira: uma questão semântica perigosa, se levada ao pé da letra

"Não são os anos em sua vida que contam. É a vida nos seus anos."

– Abraham Lincoln

Se buscarmos no dicionário o significado da palavra "carreira", teremos um substantivo feminino utilizado para descrever uma estrada estreita, um caminho.

Por muitos anos, o conceito de carreira foi utilizado ao pé da letra no mundo profissional. Dedicar-se a uma única profissão e buscar ascensão nela era um hábito comum do século XX, mas que não faz mais tanto sentido atualmente.

Vivemos em um contexto perecível, no qual profissões nascem e morrem diariamente, enterrando sonhos de quem ainda tinha uma mentalidade da linearidade da história, exigindo uma reinvenção forçada, quando a mudança deveria ser encarada com naturalidade.

Novos termos surgem a todo momento para descrever como seria uma vida profissional sem as amarras de um conceito fixo de carreira — multicarreira, anticarreira, policarreira, entre outros —, mas poucos levam em consideração um ponto fundamental sobre a antiga prática e que deve ser mantido: a trajetória.

Nunca tivemos a chance de vivenciar a liberdade profissional como temos hoje. Essa nova realidade dá liberdade para aprender, experimentar, testar, extrair o melhor e então partir para uma nova jornada de vida laboral. Você pode ser diversos profissionais em um só; pode ter as mais diversas carreiras paralelamente ou sucessivamente, se assim desejar, mas a satisfação e a sensação de felicidade em cada uma delas sempre será pautada pela trajetória.

Convenhamos que planejar uma carreira no modo tradicional pode ser fácil: basta colocar um punhado de metas para o futuro e ir eliminando quaisquer que forem os obstáculos para conquistá-las. Mas será que seu planejamento não deveria ser revisto ou mudado ao longo de sua jornada? Quando chegar ao destino final, será que terá aproveitado o caminho, ou percorrido tudo no modo automático?

Um grande diferencial de quem busca ascensão e assimilou como a nova realidade funciona é a percepção das inúmeras opções que serão apresentadas durante sua vivência profissional.

Se um bom planejamento lhe proporciona organização para o futuro que gostaria de traçar, toda mudança de cenário externo pode representar uma virada de 180 graus em relação a tudo o que pensou antes. Assim como eu, hoje você pode dormir "analista de sistemas" e amanhã acordar "como o mundo estiver demandando".

Ninguém está livre de uma demissão, da quebra de um setor da economia ou de uma pandemia que parecia distante de ocorrer, mas assim como coisas ruins acontecem todos os dias, milhares de oportunidades surgem e são simplesmente ignoradas por quem não está disposto a sair de seu planejamento aparentemente seguro. Aliás, sabemos muito bem que até as coisas ruins nos moldam e fazem com que a gente enxergue por perspectivas até então desconhecidas.

Mas é claro que *"cautela e chá de camomila não fazem mal a ninguém"*, e você deve avaliar com critério toda e qualquer oportunidade que surgir, todos os prós e contras, observando sempre se aquela nova possibilidade o ajudaria a elevar sua ascensão profissional além do seu estado atual.

Uma das histórias mais bacanas que conheço sobre uma inversão de rota profissional é a do escritor e LinkedIn Top Voice Matheus de Souza, que transformou uma boa prática para sua profissão em uma nova carreira.

Formado em relações internacionais, ele nunca atuou na área. Depois da faculdade, Matheus começou a trabalhar com marketing e percebeu que não atuar em sua área de formação não seria demérito algum. Pelo contrário! Ele viu ali a oportunidade de construir uma nova carreira. Segundo ele, sua ascensão profissional está intimamente ligada à mudança em sua forma de pensar, o que contribuiu para se tornar um especialista em produção de conteúdo. Percebendo que, para crescer no novo segmento, ele precisava "ser visto", começou a produzir seus próprios conteúdos em um blog e em redes sociais. Então, menos de uma década após a conclusão de seu curso, ele conseguiu se transformar efetivamente em escritor. Tem um livro publicado por uma das maiores editoras do Brasil, mais de mil alunos em seus cursos online, além de centenas de milhares de pessoas que acompanham seu trabalho pelas redes sociais.

Assim como o Matheus, que aos 24 anos compreendeu que um diploma não representa uma condição de vida, por que você não poderia fazer o mesmo se uma boa oportunidade cruzasse seu caminho?

5

Um novo modelo de "carreira"

"A melhor maneira de prever o futuro é criá-lo."

– Peter Drucker

Minha trajetória profissional começou quase dez anos antes da entrada de Matheus no mundo do trabalho, mas curiosamente tomamos nossas decisões de mudança de carreira no mesmo ano: 2015. Mesmo cada um pertencendo a gerações diferentes, a compreensão sobre nossos ambientes externos aconteceu no mesmo momento.

Quando decidi deixar meu último emprego tradicional para sair em um período sabático, familiares e amigos acharam um absurdo e alguns até me chamaram de louco. Minha carreira nessa empresa durou exatos doze anos, e nesse período acumulei doze aumentos salariais, entre promoções, reajustes e méritos. A minha então estabilidade profissional e financeira, tão desejada por uma parcela significativa da população, trouxe prêmios e conquistas perante o mercado, mas, em contrapartida, gerou limitações para que eu colocasse em prática outros sonhos particulares.

Trabalhar em uma grande empresa exige tempo e dedicação que podem ser bem investidos em um momento de necessidade de crescimento dentro da carreira tradicional. Galgar novas posições e ter exposição perante os colegas e a sociedade acabam se transformando em metas e objetivos naturais, principalmente se vierem boas quantias financeiras, que impulsionam uma vida com mais conforto. Por anos, esses formaram o meu grande objetivo de carreira.

Mas minha realidade ficou no passado. Meu ingresso na vida profissional aconteceu em uma época diferente, quando a economia tinha sua maior fatia distribuída entre empresas centenárias, com grande experiência ou inquestionável história de sucesso duradouro. Vivíamos rodeados de notícias de grandes aquisições e fusões, que aumentavam a concentração de mercados após o trauma da hiperinflação que o país passou na década anterior, a de 1990. O meu conceito de mundo foi moldado justamente para o acúmulo de patrimônio como a única forma de comprovar uma carreira promissora.

Não acho correto demonizar o dinheiro. Ele é bom e muito útil quando bem utilizado, mas nossa concepção de carreira não pode se limitar apenas a uma conta gorda no banco ou a trilhar um caminho único dentro da mesma organização.

A pulverização dos negócios com o surgimento das startups sugere um mercado de trabalho em que o vínculo entre empregado e empregador passará a ser mais fraco, e o esforço do trabalhador poderá ser diluído por diversas companhias, até, quem sabe, chegar ao ponto de boa parte da massa trabalhadora passar a ser autônoma. Isso torna a vida laboral mais livre e, ao mesmo tempo, assustadoramente incerta.

Considerando esse cenário que começa a se desenhar, tenho forte convicção de que o inovador conceito chamado de Carreira Proteana, desenvolvido por Douglas T. Hall em 1976 e refinado anos depois em seu livro *Careers In and Out of Organizations* (Carreiras Dentro e Fora de Organizações, em tradução livre), de 2002, será o mais seguido pelos profissionais em um futuro não tão distante.

Sua teoria visionária é baseada na capacidade de os indivíduos adaptarem seus conhecimentos, suas habilidades e competências ao contexto ambiental, ou seja, de acordo com a economia, a sociedade ao redor e os avanços tecnológicos — daí o nome Carreira "Proteana", em referência ao personagem da mitologia grega Proteu, que podia mudar de aparência. Portanto, tornar-se um profissional "camaleão" será o pulo do gato para continuar conquistando espaço no mercado neste início de milênio.

Se a habilidade de se adaptar ao meio será intrínseco à existência profissional, assim como a seleção natural da teoria darwinista está para a evolução biológica, concluímos que a adaptação não será vista como um diferencial no mercado, e sim como uma condição para so-breviver nele.

Após adquirir a proficiência em sobreviver no novo meio, focar o crescimento profissional exigirá uma série de outras competências que foram pouco exercitadas até agora, mas que se tornarão funda-mentais para gerenciar metas e objetivos.

Imaginando que não exista adaptação sem avaliação de riscos no ambiente, sem a autoavaliação recorrente, tampouco sem a constante reciclagem de conhecimentos, todas essas características passarão a ser fatores críticos para alcançar objetivos de forma crescente e certei-ra ao longo do tempo.

Quando o mercado de trabalho era linear e sequencial, planejar con-quistas não ia muito além de criar etapas novas em uma linha reta já traçada e predeterminada. Agora estamos falando em multiplicar infini-tamente a atenção do profissional em diversas frentes de dedicação, ao mesmo tempo e sem mirar uma única direção. A evolução do ambiente transformou desafios em plurais, multidirecionais e *multiskills*.[1]

Para crescer nesse ambiente volátil e mais agressivo, o profissional será obrigado a ter um planejamento muito mais complexo e deta-lhado, que traga perspicácia e criatividade para responder a qualquer mudança que possa atrapalhar o curso de ascendência de sua carreira.

É o que chamamos de Carreira Empreendedora, quando o indivíduo enxerga a sua posição profissional no ambiente efetivamente como um negócio, buscando compreender quais inovações ele pode agregar ao seu modelo de atuação, contribuindo não apenas para seu emprega-dor, se for o caso, mas para a sua própria evolução.

Portanto, se olharmos com otimismo a criação deste novo momen-to da economia e do mundo trabalho, perceberemos que, apesar de mais cuidadoso e criativo que possa ser seu plano de carreira, as opor-tunidades ficaram mais amplas, sem amarras e sem a necessidade de

---

1 Pluralidade de habilidades e competências sendo aplicadas em conjunto em um con-texto.

dar passos sequenciais para galgar algo que seria distante em uma carreira tradicional. O céu virou o limite, e, para aproveitar oportunidades exponenciais como essas, você precisará de um pensamento e de uma preparação igualmente exponenciais.

Em outras palavras: (1) potencializar a atuação (Carreira Empreendedora) ao mesmo tempo em que (2) nos adaptamos aos grandes reveses que o ambiente apresentará (Carreira Proteana) são, atualmente, duas estratégias de sustentação para qualquer profissional de sucesso.

Unindo esses dois modelos imprescindíveis, preexistentes em diversas literaturas, teremos algo único e completamente novo. E a mescla de conceitos, melhores práticas e habilidades deste terceiro modelo cria um *mindset*[2] importante para obter resultados surpreendentemente positivos para sua vida laboral.

Acabei experimentando, sem perceber, este terceiro modelo, que é plenamente aplicável, e pude, ainda que de maneira intuitiva, comprovar sua eficácia ao longo da minha própria jornada. Eu o intitulei de **Carreira Exponencial**.

---

2 Mentalidade, em inglês. Modelo mental e de atitudes que cada indivíduo tem.

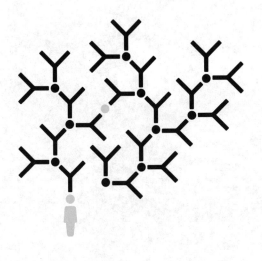

6

Não acredite em receitas de bolo se elas não podem ser adaptadas à sua realidade

"A maior habilidade de um líder é desenvolver habilidades extraordinárias em pessoas comuns!"

– Abraham Lincoln

Quando Tom Brady, famoso jogador de futebol americano, deixou o New England Patriots em meados de 2020, após vinte anos de uma carreira vitoriosa e singular no time, muitos sentenciaram que ele anunciaria a sua aposentadoria.

O *quarterback* foi um dos grandes responsáveis pelos seis títulos de Super Bowl e, no auge de seus 42 anos, já demonstrava sinais de decadência física em sua temporada final pelos Patriots. Mas ele acabou surpreendendo o mundo ao assinar um novo contrato com o inexpressivo Tampa Bay Buccaneers, reiniciando sua carreira em um time de menor prestígio e sem grandes pressões.

Então, a pergunta que ficou foi: por que Tom Brady deixou o seu status de astro consagrado e recomeçou? Muitos poderiam dizer que seria por dinheiro, mas a Liga Nacional de Futebol Americano dos EUA (NFL) tem regras de teto salarial para manter o equilíbrio de suas competições. Se continuássemos falando sobre esse aspecto, muitos continuariam dando diversas explicações, como cotas de patrocínio e exposição em campanhas de marketing ou até ser um dos sócios do time da Flórida, mas ele acabou se mudando mesmo não tendo o maior salário entre os jogadores daquela temporada. No fim, as pessoas sempre acham que é única e exclusivamente por dinheiro.

Mas será que um dos maiores (talvez "o maior") jogadores de todos os tempos precisaria realmente da mudança de ares por dinheiro? Acredito que não.

Alguns indícios podem ser considerados para formarmos uma opinião. Dentre eles, o fato de o Buccaneers ter contratado ótimos recebedores (posição com a qual Tom mais interage no jogo), e, por isso, talvez ele tenha visto a possibilidade de surpreender e conquistar um título nacional para a equipe que só tinha um Super Bowl (e de quase vinte anos atrás).

Ser o responsável por levar seus novos companheiros a esse objetivo talvez tenha sido o grande divisor de águas para a sua tomada de decisão. Esses indícios demonstrariam a vontade de Brady em ter um desafio que reascendesse a chama de sua motivação.

Imaginando esse cenário, Brady deixou o Patriots com muito mais do que milhões em sua conta bancária, e levou consigo um rol importante de experiências vividas, tanto boas quanto ruins, para serem ajustadas e aplicadas em um ambiente completamente novo e diferente para ele.

Mesmo tecendo milhares de probabilidades, os reais motivos só serão encontrados na cabeça do próprio jogador, mas a sua transferência se transformou em um símbolo de que o *status quo* não é um fator de satisfação profissional, muito menos nos dias de hoje.

A maior prova desse processo de decisão baseado na busca incessante por desafios foi a enorme façanha realizada pelo experiente Tom e seus companheiros em sua primeira temporada no pequeno "Bucs": a histórica conquista do segundo Super Bowl do time e o sétimo campeonato do jogador, que passou a ser o maior vencedor da NFL, se comparado inclusive com todos os times que disputam a Liga.

Tentando trazer o exemplo de transição de carreira do *quarterback* para uma realidade menos glamourosa e mais condizente com todos nós, o aprendizado que tiramos é o de que (1) nem sempre será a empresa que o mandará embora. Por mais que você goste de seu ambiente de trabalho, da segurança e dos amigos que fez, sentirá vontade de se desafiar, e (2) por mais experiência que tenha, ela só servirá em novas ocasiões se adaptá-la à sua nova realidade.

Costumo dizer aos meus mentorados, em palestras ou nas empresas em que dou consultoria, que não existe guru, professor ou conselheiro que ensine um padre a rezar missa, afinal, ninguém melhor que o próprio profissional para saber o que ele passa em sua rotina de trabalho por horas a fio.

É por isso que não devemos acreditar em receitas de bolos se elas não podem ser adaptadas à nossa realidade. Todo santo dia aparece uma receita nova no mercado que promete mundos e fundos. Elas podem até ser úteis para uma ou outra pessoa, mas a verdade é que, no geral, nenhuma dessas receitas fala sobre ambiente, condição social, emprego, empresa e tantas outras variáveis e contextos nos quais o leitor pode estar inserido. O próprio Brasil tem tantas realidades distintas, que estratégias usadas no Nordeste podem não servir para o Centro-Oeste, e o mercado de trabalho segue esse mesmo padrão. O que defendo muito é que somos capazes de montar um método que funcione para nós mesmos, pois só nós sabemos da nossa realidade.

Por isso, o objetivo aqui é mostrar formas de organizar ideias para que você consiga produzir o seu próprio caminho usando como inspiração as diversas histórias que recheiam este livro. Considerando que inspiração não é cópia, ao final da leitura, você terá exercitado uma das habilidades mais importantes para o seu contexto de vida: a adaptabilidade.

E como eu comecei tudo isso?

Apesar de ter conquistado boa parte do que tenho graças às oportunidades em empresas tradicionais, compreendi que todo esse período de experiências me permitiu criar meu próprio *modus operandi* para conduzir minha carreira.

No início, eu trabalhava as tradicionais oito horas por dia, em um emprego estável, em um local onde eu acreditava que poderia explorar melhor minhas chances de crescimento de carreira, bem na linha de plano de cargos e tudo o que um conceito retrógrado de ascensão pregava.

Porém, era depois do expediente que outras habilidades eram exploradas, enquanto eu desenvolvia websites e softwares para outras empresas de menor porte. Se na época meu pensamento era o de que aquela experiência extra me ajudaria apenas a pagar as despesas de casa, já que eu havia acabado de me casar, hoje vejo que ela foi imprescindível para construir outros tipos de competências.

As duas vivências paralelas me permitiram alimentar cada uma delas com capacidades mútuas, trazendo a responsabilidade de um trabalho formal para o meu "bico extra" e a inteligência de tratar clientes internos efetivamente como clientes no meu emprego tradicional.

Bebi de diversas fontes para me tornar o profissional que sou hoje. Pelas relações com outras empresas, fornecedores, clientes e até concorrentes, tive grandes possibilidades de antever erros que poderia ter cometido ao longo da minha jornada (isso não exclui que já tenha errado, e muito). E esse aprendizado foi fundamental para eu tomar decisões na minha carreira que hoje vejo que foram assertivas, inclusive a de escolher se tornaria meu bico um empreendimento ou se seguiria os passos para me tornar um executivo, o que realmente aconteceu.

Anos depois, prestes a pedir demissão e refletindo sobre os rumos que tomaria na vida, pude analisar toda a minha trajetória e encontrar ricos aprendizados extraídos de situações que me exigiram habilidades comportamentais e mentais, demonstrando que aquele repertório acumulado na prática poderia ser facilmente aplicado a qualquer novo desafio que eu enfrentaria dali em diante. Mesmo deixando a empresa, a estabilidade de um cargo de diretoria e o *habitat* quase "natural", a maioria dos gatilhos mentais e das estratégias que absorvi ao longo dos anos poderia ser reutilizada por mim em outro local e em outra circunstância de vida mais para a frente.

Obviamente, o primeiro dia sem um emprego formal e seguro me proporcionou uma série de indagações sobre o futuro e como eu conduziria minha carreira dali em diante. Medos e receios vagaram em minha mente por semanas, enquanto eu traçava diversos cenários possíveis de como poderia usufruir das habilidades que fui aprendendo durante a minha jornada.

Depois de algum tempo, compreendi que o ambiente é volátil demais para acreditar que qualquer emprego que eu tivesse me daria a segurança de passar por crises, como a que passamos com a Covid-19, sem nenhum impacto. O pulo do gato estaria, então, em como sobreviver a isso tudo, contornando com inteligência todos os obstáculos que o ambiente me apresentaria.

Ficou evidente para mim que, se não conseguimos moldar o mundo que nos cerca para nos blindar de riscos e adversidades, o que nos cabe é desenvolver a estratégia de se precaver e se adaptar, garantindo que nossas competências sociais estejam em dia para enfrentar qualquer desafio no ambiente em que estivermos inseridos. E para ser bem franco, a adaptação é o segredo do sucesso não apenas na vida profissional, mas a vida pessoal também pede esse elemento frente às adversidades.

Ser adaptável o ajuda não apenas a se manter no mercado, como também crescendo gradativamente. Então, o que compartilharei a partir de agora é exatamente a minha organização do que chamo de caixa mental de ferramentas. A ideia é mostrar como desenvolver o seu próprio modelo, em vez de apresentar fórmulas mágicas e enlatadas que poderiam simplesmente não funcionar para o seu contexto!

Não é uma metodologia a ser seguida à risca, e sim uma inspiração. É você quem analisará a cultura organizacional e a posição que ocupa no tabuleiro de xadrez que é uma empresa. Veja tudo isso como um alicerce para construir e moldar a sua própria caixa de ferramentas.

Também é por isso que chamo este livro de guia, afinal, meu objetivo aqui é ajudá-lo a pavimentar seu próprio caminho, e não empurrar um manual de instruções que você precisaria seguir como um passo a passo. Ele deve ser estudado, vasculhado, ajustado e aplicado de acordo com a realidade e situação que cada você esteja vivendo. E o mais importante: ele pode servir para qualquer ambiente de trabalho, dos tradicionais às startups, do quase extinto *celetismo* ao empreendedorismo!

7

Por que Carreira Exponencial?

"Se você encontrar um caminho sem obstáculos, ele provavelmente não leva a lugar nenhum."

— **Frank Clark**

Quando comecei a estruturar o conceito de Carreira Exponencial, tentei encontrar algum termo que representasse a visão otimista de oportunidades sem limites que o novo mercado de trabalho começou a oferecer recentemente, mas foi na velocidade da evolução tecnológica que tudo fez sentido.

A mesma característica foi abordada por Gordon Moore, um dos fundadores da Intel e que teve forte influência para a alavancagem do Vale do Silício como o conhecemos hoje. Segundo um artigo dele de 1965, naquilo que futuramente seria batizado como a "Lei de Moore", ele previu que a quantidade de transistores em um processador de computador dobraria a cada dezoito meses, mantendo praticamente os custos e o espaço utilizado. Essa teoria se provou verdadeira ao longo das décadas, e hoje podemos observar a chegada de chips cada vez mais potentes e menores.

Recentemente, os visionários fundadores da Singularity University, Peter Diamandis e Ray Kurzweil, trouxeram para a mesa novos tipos de tecnologias que podem aumentar substancialmente os resultados de um negócio, uma espécie de Lei de Moore 2.0 dos dias atuais, que incluem Robótica, Inteligência Artificial, dentre outras, que, combinadas, podem trazer resultados desproporcionalmente grandes para as organizações, algo em até dez vezes maior, se comparados aos de seus pares no mercado.

Esse conceito cita um modelo de gestão empresarial em particular, por isso são denominadas organizações exponenciais. As ExOs (Exponential Organizations), termo criado por Salim Ismail, Michael S. Malone e Yuri van Geest (todos da Singularity) no livro de 2014 de mesmo nome, são empresas que adotaram uma nova forma de fazer negócios, menos hierarquizada e mais escalável, e que usufruem das tecnologias exponenciais para alcançar crescimento vertiginoso em pouco tempo em relação aos concorrentes. Isso é exatamente o que busco demonstrar com este novo modelo de vida ocupacional. Nasce, assim, o termo Carreira Exponencial e como você pode crescer rapidamente, multiplicando suas oportunidades em pouco tempo.

Tais oportunidades se dão pela amplificação de horizontes que você terá ao compreender que existem inúmeras empresas, startups ou problemas sociais em que se pode atuar. Algo mais próximo da vivência da maioria dos profissionais no nosso país, diferenciando do conceito do livro *Bold: Oportunidades Exponenciais*, de Peter Diamandis e Steven Kotler, em que os autores tentam focar a visão do empreendedorismo, trazendo um paralelo com as experiências de grandes mentes, como Ellon Musk, Jeff Bezos e Richard Branson.

A Carreira Exponencial se fundamenta no objetivo de ascender profissionalmente a cada nova etapa da jornada laboral, atribuindo estratégias para se chegar, de modo desproporcionalmente mais rápido e consciente, a um novo e superior patamar em relação ao atual, independente das escolhas que você faça, demonstrando que as oportunidades de trabalho vão além do emprego fixo ou do empreendedorismo.

O mais importante é estabelecer metas e conseguir alterá-las de acordo com sua maturidade, já que sua concepção sobre o que é ascensão pode mudar por completo, pois, em diferentes momentos da vida, sua compreensão daquilo que o satisfaz e engrandece sua contribuição à sociedade como profissional será diferente de antes. Então não se assuste se aos 25 anos você era movido pelo desejo de um cargo de liderança e um alto salário e 10 anos depois se enxergar buscando um trabalho mais afetivo do que financeiro. Ou ao contrário. Só quem sabe dos seus sonhos é você.

Diferente de outros padrões e estudos sobre ascensão de carreira, meu objetivo foi construir um modelo de autogestão que permita criar diversos caminhos paralelos ou sequenciais para se conquistar objetivos sem uma predefinição única de caminho, mas focando a pluralidade das oportunidades que baterão à sua porta diversas vezes ao longo de sua trajetória profissional.

Enquanto uma carreira tradicional visa à ascensão em formato de escada, ou seja, que você deve percorrer degraus de uma única passagem sequencial, galgando cargos que correspondem ao nível hierárquico imediatamente superior ao atual, a Carreira Exponencial o liberta desse modelo, permitindo-lhe aglutinar experiências e desafios em ambientes diferentes, construindo uma história própria, sem a necessidade de seguir apenas o caminho determinado por um plano de carreiras de uma empresa tradicional.

Essa compreensão de liberdade é o que distancia o velho mundo conceitual sobre a linearidade de carreira, dando mais dinamismo à sua vida profissional, quebrando o paradigma de que você deve ter uma história longa em um único ambiente de trabalho para dizer que obteve sucesso, como trago no exemplo a seguir:

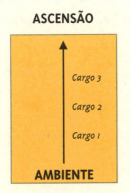

Conceito de ascensão na carreira tradicional

Conceito de ascensão na carreira em Y

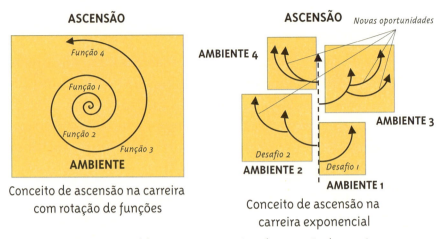

Figura 7.1: A diferença entre conceitos de ascensão de carreira

Outro aprendizado importante que a quebra de paradigmas da carreira tradicional traz à tona é o significado de que um período de hiato entre funções ou empresas, como aquele causado pelo desemprego momentâneo, não é traduzido diretamente como fracasso, e sim como uma passagem para o próximo desafio. Acredite! Essa libertação de pensamento reduz consideravelmente a ansiedade criada pela sensação de perda.

O conceito de Carreira Exponencial se torna um ativo mental para desconstruir a percepção de sucesso que ainda hoje é atribuída a uma nomeação de cargos, sempre superior ou paralelo ao anterior, para um sentimento de completude de desafios e projetos com grande eficácia e reconhecimento.

A partir de agora, apresentarei em detalhes as seis dimensões a serem estudadas e exploradas para decidir de forma consciente os rumos de sua vida laboral, permitindo a construção de um plano coeso e personalizado. Essas dimensões estão acopladas de maneira estratégica, como uma engrenagem profissional. São elas:

- Renovação do Conhecimento.
- Exposição e Networking.

- Rotação de Habilidades.
- Adaptabilidade ao Novo.
- Potência de Crescimento.
- Trajetória de Vida.

Figura 7.2: As seis dimensões da Carreira Exponencial

No próximo capítulo, nos aprofundaremos em cada uma dessas dimensões. Ao ler e reler cada uma delas, você poderá detectar seus pontos fortes e suas falhas e traçar um plano para melhorar e expandir seu potencial.

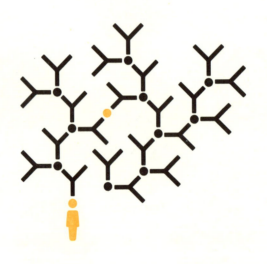

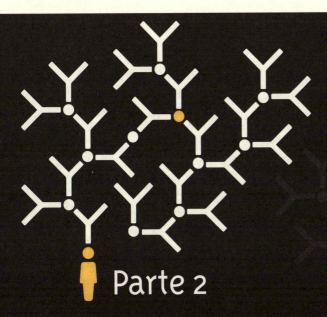

Parte 2

Dimensões da Carreira Exponencial

8

Dimensões da Carreira Exponencial

"Que ninguém se engane, só se consegue a simplicidade através de muito trabalho."

– Clarice Lispector

Agora que você compreendeu que este livro é um guia para formular sua própria maneira de encarar uma jornada profissional, chegou o momento de apresentar cada dimensão para estruturar o seu plano para a Carreira Exponencial.

Lembre-se, este livro não trata especificamente sobre transição de carreiras, pois qualquer oportunidade apresentada a você pode significar *nanotransições* em sua jornada profissional. Este novo olhar provoca uma revolução completa do seu pensamento sobre a abordagem de carreiras, desenvolvendo uma consciência sobre o paralelismo e a simultaneidade de papéis que você pode desempenhar, onde todas as suas experiências estão conectadas e agregam valor entre si.

Ao dividirmos aquela nossa caixa mental de ferramentas em compartimentos menores, separando nossas ideias por importância e classificando-as de acordo com suas atribuições, como faríamos na realidade com pregos, martelo, serras e outros, teremos as dimensões de sua carreira, das quais você deve cuidar para que estejam sempre cheias e prontas para o uso quando necessitar.

O intuito de dividir o planejamento de sua Carreira Exponencial em seis dimensões é justamente garantir que todas as lacunas do seu sucesso profissional estejam devidamente preenchidas com objetivos, metas e, principalmente, boas estratégias a serem sacadas em momentos oportunos. Portanto, nenhuma dimensão deve ser esquecida, porém, ao longo da sua jornada, você poderá dar graus diferentes de importância a cada uma delas.

Ao colocarmos as dimensões em uma linha do tempo, você compreenderá como a Carreira Exponencial deve ser utilizada:

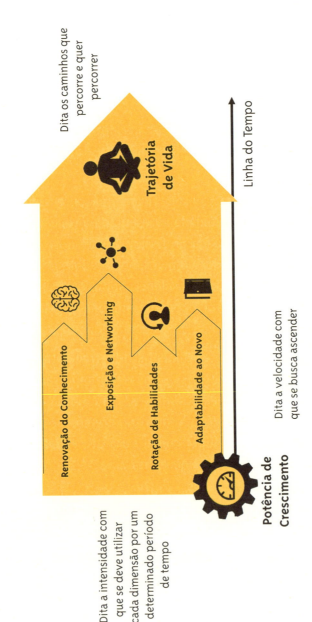

Figura 8.1: As seis dimensões da Carreira Exponencial na linha do tempo

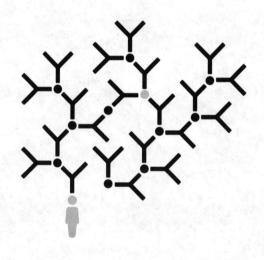

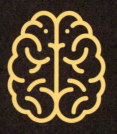

9

PRIMEIRA DIMENSÃO:
Renovação do Conhecimento

Entrevista exclusiva com o especialista

Marcelo Bueno
Cofundador CEO da Ânima Educação S/A.

ACESSE O QR CODE E CONFIRA

"O analfabeto do século XXI não será aquele que não consegue ler e escrever, mas aquele que não consegue aprender, desaprender, e reaprender."

– Alvin Toffler

Quando me formei em Análise de Sistemas, no começo dos anos 2000, tudo o que aprendi no início da faculdade já havia mudado. Enquanto aprendia lógica de programação pautada em uma linguagem arcaica, eu experimentava no estágio coisas modernas com que o mundo real já estava trabalhando. Eram técnicas inovadoras que permearam minha carreira por três anos, no máximo!

Daquele momento até agora, muita água passou por debaixo da ponte. Milhares de metodologias, linguagens e padrões de desenvolvimento de software foram criadas, assim como tantas outras foram esquecidas, e se eu não tivesse mantido o processo de renovação de conhecimento, também estaria esquecido pelo mercado.

Não dá mais para negarmos que a evolução tecnológica afetou todos os modelos de negócio e, consequentemente, todas as profissões. Não estou falando apenas de laboratórios de última geração, onde a inteligência artificial está sendo testada. Falo também do impacto causado pela pandemia, que em questão de semanas fez o presencial virar virtual, chegando ao ponto de consultas médicas simples serem feitas via videoconferência, algo proibido no Brasil até então.

Outras centenas de milhares de pequenos negócios tiveram que migrar sua atenção para o digital. Pode soar sádico, mas confesso que, diante de tudo o que passamos em 2020, gostaria de ver como estão os líderes que usavam a famosa frase: "Mudar pra quê? Sempre funcionou assim e deu certo!" Essas empresas sobreviveram? E os condutores? Aposto como eles tiveram que aprender da noite para o dia como funcionam minimamente um aplicativo VPN (Virtual Private Network), a fazer reuniões por ferramentas de videoconferência e a entender (ou até montar) um simples e-commerce.

Todo o movimento de sobrevivência hoje deriva da absorção de novos conhecimentos, o que torna a aprendizagem um ciclo efetivamente para a vida toda, como se refere o termo em inglês *lifelong learning*, ou simplesmente educação continuada.

Nem vou falar novamente de como a internet permitiu um alcance inimaginável de informação e conteúdo. A grande sacada da renovação de conhecimento é escolher a fonte, pois, se o conteúdo online é farto, os materiais sem embasamento teórico e científico se espalham pela rede na mesma proporção.

Essa democratização então trouxe o desafio de saber selecionar aquilo que realmente é fundamentado e utilizável daquilo que é mera especulação e que pode trazer consequências nocivas à sua carreira.

O exemplo mais clássico de competência que sempre entra na pauta quando discutimos o que será imprescindível para o futuro é o domínio de novas línguas. Por décadas, o inglês, por ser o idioma internacional mais falado no mundo até então, foi o centro das atenções. Todo mundo dizia que aprender inglês determinaria a sobrevivência da carreira de um profissional. Mais recentemente, fala-se que dominar o mandarim será fundamental, dada a expansão econômica da China.

Obviamente, nenhum aprendizado em línguas é perdido ou desperdiçado, mas não podemos cravar com toda certeza que no futuro, inclusive bem próximo, não surgirão novos idiomas com potencial e relevância. Então, a competência mais importante não será falar inglês ou mandarim, e sim a de ter uma mente flexível para absorver aquilo que for mais demandante para sua carreira em um determinado período aliado ao senso crítico de que alguns conhecimentos adquiridos ao longo da sua jornada ficaram obsoletos e precisam ser colocados de lado.

Portanto, o que deixo nesta dimensão é como você deve identificar novas competências a serem desenvolvidas ao longo de sua jornada. É preciso também ter atenção ao timing, pois nem sempre o que é importante hoje terá validade em um futuro próximo.

#1 Os profissionais T-shaped e E-shaped

Dia sim e outro também, vemos nascer nomenclaturas novas e até metodologias mirabolantes que não passam de repaginações de coisas existentes. Você já pode ter visto por aí o termo *T-shaped* para explicar um determinado perfil profissional baseado em seus conhecimentos. Dizem que ele foi inicialmente usado em uma reunião informal entre associados da consultoria McKinsey & Company há muitos anos, mas foi popularizado por Tim Brown, antigo CEO da IDEO, uma empresa de design nascida nos anos 1990.

O uso da letra *"T"* tenta demonstrar o conjunto de competências e habilidades de um profissional, em que o eixo horizontal corresponde aos conhecimentos mais abrangentes do seu repertório, enquanto o eixo vertical demonstra as poucas competências das quais aquele profissional tem um domínio mais profundo, ou seja, é especialista.

A proposta desse modelo de perfil é retratar como a profundidade e a superficialidade de competências podem formar um profissional mais completo, no sentido de aglutinar práticas e conhecimentos em uma linha central com outros nos quais ele é menos experiente e que não domina por completo, mas que o auxiliam em uma visão mais holística de um determinado problema.

Um exemplo prático para citar é a minha experiência durante a transição de carreira da tecnologia para gestão. Naquela época, apesar de não ter conhecido a expressão "profissional *T-shaped*", eu poderia me enquadrar facilmente a ela, já que tinha profundo conhecimento técnico de desenvolvimento de sistemas e havia experimentado inúmeros projetos nos quais meu papel era de gestão de pequenas equipes. Eu ainda não dominava totalmente as competências necessárias de liderança ou de determinados ramos da economia, mas navegava bem com aquilo que já tinha vivenciado.

Em 2012, um novo perfil foi cunhado em um artigo de Sarah DaVanzo em seu blog *The Chief Curiosity Officer* quando ela traça um novo tipo de profissional, comparando-o ao *T-shaped*.

O perfil *E-shaped* leva em consideração a sua visão particular do que o mercado demandaria nos próximos anos, e o desenho foi pautado em quatro grandes traços que formam a letra *"E"*: Experiência, Expertise, Execução e Exploração. Nesta proposta, ela acredita que o *E-Shaped* é uma possível evolução do que foram os profissionais *T-Shaped*, considerando que é necessário buscar o equilíbrio entre essas atitudes, tornando-os profissionais plurais ao não deixarem de lado atividades que envolvam meter a mão na massa, pensar e inovar.

Ou seja, o profissional *"E"* seria uma espécie de "multiespecialista" ou polímata, o que pode ser muito raro ou demorar muito tempo para vir a se tornar um.

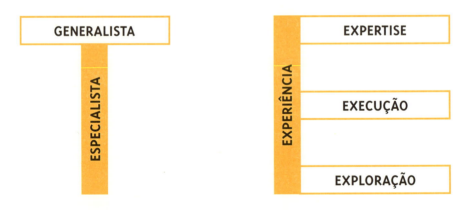

Figura 9.1: Diferenças entre os perfis T e E-shaped

#2 Os Nexialistas

Você gosta de ficção científica? Esse gênero literário que expandiu seus limites para o cinema, videogames e outras linguagens artísticas também foi a origem para a criação deste perfil profissional.

Na obra de 1950 chamada *Voyage of the Space Beagle*, o autor E. A. Van Vogt trazia diversas aventuras de uma nave espacial exploratória formada por especialistas e cientistas de diferentes áreas do saber, estudiosos da saúde, engenharia e tantos outros que integravam tripulação na viagem pelo Universo em busca de novos conhecimentos.

Entre os profissionais que compunham a expedição estava o Dr. Elliott Grosvenor, o único tripulante "nexialista", ou seja, aquele que não tem nenhuma especialização e se utiliza do generalismo e de métodos determinísticos para solucionar problemas com a experiência de todo o grupo de maneira integrada, enquanto os demais tentavam aplicar apenas seus próprios conhecimentos, sem uma visão geral de todo o problema.

Já em 2009, o executivo e escritor Walter Longo trouxe novamente à tona esse conceito em seu livro *O Marketing na Era do Nexo*, reforçando o nexo como parte fundamental para alavancar negócios, criando valor de maneira consistente por meio da missão, da visão e dos objetivos das empresas. Com o foco em profissionais, líderes e campanhas de marketing que valorizem esse processo de transposição e integração de diversas competências para uma comunicação coesa centrada no nexo, ele ressalta como aumentar as chances de sobrevivência da companhia no novo mercado.

Diferente do que abordamos no conceito *T-shaped*, em que o generalismo é apresentado como uma amplitude maior de conhecimentos, porém de baixa profundidade, o profissional nexialista se baseia principalmente em competências socioemocionais, construindo arquiteturas mais abrangentes de solução de problemas. No fundo, podemos dizer que são representações muito semelhantes, e, na minha concepção, a diferença entre eles é que nem sempre o nexialista tem o conhecimento em si — ele se "apropria" dele daqueles que o detêm.

A capacidade de aglutinar pessoas e sequenciar raciocínios o torna um organizador de uma determinada estratégia, montando e integrando sinergicamente vários conhecimentos, para que as ações necessárias tenham nexo entre si.

Outra maneira de explicar o funcionamento da cabeça de um nexialista e os motivos que tornam seu passe no mercado de trabalho mais caro é traçando um paralelo com os hiperlinks em sites espalhados pela internet e que fizeram o processo de ensino-aprendizagem das novas gerações mudar completamente nas últimas décadas.

Antes da explosão da rede mundial de computadores, vivíamos em um conceito mais linear; logo, nosso método educativo também seguia sequências lógicas, como acontece na leitura de um livro, por exemplo. Com a popularização dos sites e seus hiperlinks, a forma como nos aprofundamos em um determinado assunto e a ordem de navegação entre conteúdos independentes permitiram que criássemos nossas próprias sequências lógicas. O conhecimento ficou distribuído, e cada indivíduo ganhou a possibilidade de trilhar seu próprio caminho.

A vantagem competitiva do nexialista advém da capacidade de criar um nexo diante de fatos isolados, informações distribuídas e pequenas partes de soluções, reunindo tudo isso em algo que faça sentido.

Os nexialistas substituirão especialistas ou profissionais T-shaped?

Na minha leitura, não. Profissionais nexialistas complementam o ambiente de trabalho no qual especialistas e *T-shaped* dedicam suas capacitações mais profundas, mas agora com um contexto da aplicação voltada para o nexo, seja ele de sentido, seja de solução de problemas. É o bom e velho "tem espaço para todo mundo".

O que pode vir a acontecer no futuro (próximo) é a substituição gradativa dos genuínos generalistas para profissionais nexialistas, ocupando cada vez mais o papel de "pensar fora da caixa" do que a necessidade de um colaborador que "faz tudo".

Durante minha experiência como líder, vivi épocas economicamente vantajosas para os negócios que eu representava e outras tantas de crises gravíssimas que impactaram diretamente o mercado de trabalho.

Em momentos ruins, a queda nas vendas é inevitável, e as empresas acabam reduzindo sensivelmente sua capacidade de produção e, por consequência, as remunerações de novas contratações.

Como a jornada de especialistas pode ser baseada e até ditada com pisos salariais, uma parte das empresas tende a buscar perfis mais generalistas, que poderiam tapar momentaneamente diversos buracos na operação, mesmo assumindo o risco de ter uma queda na qualidade de seus processos.

Por essa subutilização, a classificação de "generalista" deixou de ser considerada um diferencial para o mercado e passou a ser vista como uma forma equivocada de se produzir "mais", com menos gente, e nem sempre da melhor forma para o cliente final.

A valorização do nexialista deve ser vista como uma onda de combate às práticas de estrangulamento das equipes em número de pessoas qualificadas, que se transformaram ao longo do tempo em um grupo enxuto de bombeiros com um desafio inglório pela frente.

Considerando esses diferentes perfis e nomenclaturas, meu ponto de vista gira sempre em torno de que você viverá em momentos distintos boa parte deles, e o seu ambiente exigirá sua atuação de maneira a utilizar de forma adequada o rol de conhecimentos, habilidades e competências que tem.

O único ponto de atenção que reforço é: caso você se considere um bom generalista (fora do conceito *T*), precisará evoluir em uma dessas direções para o mercado dar o verdadeiro valor ao seu talento!

#3 Aprendendo a reaprender na Era Digital

Apesar de alguns gurus levantarem a bandeira de que companhias disruptivas estão abolindo a necessidade do diploma universitário, isso ainda está muito longe de se tornar realidade na maioria das empresas, principalmente as mais tradicionais, que ainda utilizam este quesito durante a seleção de novos colaboradores.

Então, a menos que você seja um jovem excepcional que tenha tido acesso às grandes empresas bem no começo da carreira ou já seja um profissional renomado no mercado, que não precisa mais apresentar suas credenciais em um possível processo de seleção, por enquanto será inevitável continuar investindo em sua primeira graduação.

É mais comum observarmos que o conhecimento adquirido em qualquer graduação se torna um bom alicerce para se ganhar profundidade em algum assunto, independente de qual seja, o que pode ser imprescindível ao iniciar sua jornada profissional.

Reforço que o mundo está mudando rapidamente, mas as empresas necessitam de boa mão de obra *hoje*, e enquanto as universidades tiverem minimamente uma aceitação regulatória importante perante o mercado de trabalho, estudar quatro ou mais anos para se formar pode não ser (ainda) perda de tempo, e sim um investimento inicial.

Não, a graduação não será, nem de longe, um diferencial competitivo para se conquistar um trabalho, mas, por outro lado, não podemos ser imprudentes e lhe sugerir que vá para um lado ou para outro sem conhecer o seu contexto de vida.

Esse é um dos principais motivos pelos quais metodologias nascem e morrem diariamente, pois dão superficialmente uma receita que nem sempre é replicável no seu mundo. Em vez disso, trago-lhe a reflexão sobre a obsolescência do seu conhecimento, ou seja, o quão perecíveis são hoje as informações e os métodos que você aprendeu no passado. Este é o primeiro exercício para não ficar para trás.

Ao identificar potenciais conhecimentos obsoletos e que ainda são muito utilizados por você em seu dia a dia, será necessário encontrar o melhor mecanismo para se capacitar e/ou se atualizar.

Se você já se encontra no mercado de trabalho e tem uma jornada exaustiva, seria praticamente impossível exigir que busque métodos clássicos de aprendizagem, que não consideram o tempo disponível e tampouco sua rotina de vida.

Apesar de as instituições de ensino mais formais estarem correndo atrás do prejuízo após a Covid-19 para enriquecer seus modelos acadêmicos e melhorar o formato do processo de aprendizagem, inúmeras opções surgiram no mercado. As edtechs, startups que visam agregar tecnologia no contexto educacional, têm um olhar mais disruptivo ao analisar como as novas gerações interagem e consomem conteúdo.

Enquanto muitas faculdades continuaram com carteiras enfileiradas, e o professor recitando conteúdos e gastando tempo em sala de aula para leitura de materiais, o mundo ficou mais interativo. O modelo de *Anytime Anywhere Education*, ou Educação Expandida, ganhou espaço, difundindo o conceito de que é possível aprender a partir de qualquer lugar, e não mais apenas do ambiente escolar físico.

Esse modelo corrobora a ideia de que crianças desde seus primeiros anos de vida e até profissionais no mercado aprendem com experiências práticas, não apenas com o reforço da teoria, que já está diluída em fontes incontáveis. Por isso, ter acesso a qualquer tipo de gadget ou aplicativo em um dispositivo móvel ligado à internet transforma o mundo inteiro em uma grande "escola".

Esse "futuro", que já chegou, tornará o aprendiz, seja criança, adolescente ou adulto, mais controlador de seu processo de aprendizagem, considerando seus próprios limites de tempo, base escolar ou experiência.

Diversos outros aplicativos e métodos o auxiliarão cada vez mais a manter seu conhecimento renovado, incluindo questões de acessibilidade, permitindo que aprendamos do nosso jeito e como precisaremos até a velhice. Em uma lista rápida, podemos relembrar alguns:

1. **Duolingo:** Plataforma para o ensino de idiomas criada pelo professor Luis von Ahn, da Universidade Carnegie Mellon; tem cerca de 300 milhões de usuários e cursos para mais de 20 idiomas diferentes.

2. **Khan Academy:** ONG que tem uma plataforma de mesmo nome; oferece uma infinidade de vídeos gratuitos sobre diversas áreas do saber.

3. **Udemy:** Plataforma de cursos online para profissionais, criada por Eren Bali. Uma das plataformas precursoras do gênero.

4. **LinkedIn Learning:** Plataforma de cursos em vídeo; antes chamada Lynda, foi adquirida pelo LinkedIn em 2015 e hoje oferece inúmeros cursos com foco profissional.

Eu poderia continuar citando diversas fontes, métodos de aprendizagem e plataformas que podem ajudá-lo a agregar e renovar seu conhecimento, porém esse trabalho deve ser pessoal e intransferível, feito exclusivamente por você e para você.

Estes e tantos outros exemplos demonstram como houve uma democratização do acesso a conteúdos, mas a grande questão será como aproveitar o que existe disponível para resolver problemas de HOJE, em vez de apenas estudar visando acumular conhecimentos que podem, em breve, se tornar obsoletos.

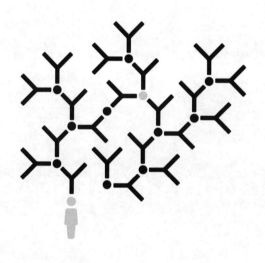

10

SEGUNDA DIMENSÃO: Exposição Externa e Networking

Entrevista exclusiva com o especialista

Matheus de Souza
Escritor e professor de escrita criativa. LinkedIn Top Voice. Autor de "Nômade Digital", livro finalista do Prêmio Jabuti 2020 na categoria Economia Criativa.

ACESSE O QR CODE E CONFIRA

"Livre-se dos bajuladores. Mantenha perto de você pessoas que te avisem quando você erra"

— **Barack Obama**

Quando iniciamos uma nova jornada profissional, geralmente focamos todas as nossas energias naquele desafio. O entusiasmo em começar uma nova história em um ambiente desconhecido cria tantas expectativas, que ficamos cegos para o mundo exterior.

É lógico que essa e outras situações demandam energia, mas se esquecer da sua rede de contatos apenas porque já conseguiu um novo emprego ou por falta de tempo pode ser um tiro no pé. Isso porque você não controla as variáveis ao seu redor (e nem ninguém). Temos como exemplo uma pandemia que em poucas semanas arrasou a economia mundial e virou tudo de cabeça para baixo. Então, lembre-se de que perder a proximidade com o resto da sociedade, do setor de atuação e de pessoas que são tomadoras de decisão em outros ramos pode representar um risco enorme para sua carreira.

Evidentemente você conhece aquela máxima de que "Quem não é visto não é lembrado", certo? Esse é o efeito indesejado para quem perde as conexões que poderiam de alguma forma ajudá-lo em um momento de desemprego ou transição.

Um grande amigo meu caiu nessa armadilha. Para contar sua história poupando sua identidade, usarei o nome fictício de César.

Depois de ter trabalhado por mais de uma década no mesmo local, César foi desligado por corte de gastos. Sua frustração foi enorme. A dedicação era o alicerce da relação, e ele acreditava que seria poupado, por maior que fosse a crise, dada toda sua doação à empresa. Sua convicção míope dizia que, se estivesse 24 horas por dia à disposição, a empresa teria uma dívida ou compaixão como contrapartida. Assim, ele deixou de lado os antigos colegas, ex-líderes e se isolou completamente. Enquanto eventos de seu interesse reuniam profissionais que debatiam sobre boas práticas e a revolução de suas atribuições, César se manteve recluso, com medo de que, se estivesse em ambientes como aqueles, ele "perderia" horas de trabalho ou, pior, poderia ser visto como o colaborador que "está fazendo networking para buscar um emprego melhor".

Após sua demissão, meu amigo teve grandes dificuldades para se recolocar no mercado. Ele já não tinha mais números de telefone das pessoas, tampouco manteve intimidade para abordar alguém em alguma rede social. Além do prejuízo financeiro do tempo que ficou desempregado, infelizmente nenhum de seus projetos inovadores e de sucesso na empresa anterior tinham sido expostos, e seus feitos não eram conhecidos fora da empresa. Isso o fez perder diversas oportunidades, uma vez que ninguém conhecia exatamente o que ele fez de bom em sua trajetória.

Manter-se ativo em círculos sociais, sejam eles focados ou não em sua área de atuação, é extremamente importante para compreender como a visão de mundo está sendo moldada. Economia, política, trabalho, quaisquer assuntos podem conter *insights* poderosos para você criar sua própria interpretação de onde oportunidades podem surgir.

A dimensão de Exposição e Networking tem como objetivo organizar suas ações e estratégias para você não se distanciar totalmente da realidade e do que é novidade no seu meio. Eu sei que muitos temem ser rotulados como "autovendedores", mas a verdade é que isso só depende da forma como você se posiciona perante as pessoas. Se for verdadeiro, contar sua história de forma simples e estiver disponível para ouvir e ajudar, dificilmente será confundido com um puxa-saco ou interesseiro. Sabe aquela frase "senso de dono" que tantas empresas pregam a seus funcionários? Por que em sua vida profissional seria diferente? Então você deveria começar usar outro bordão bastante comum: "É o olhar do dono que engorda o gado!"

Enquanto o próprio César escolheu se enclausurar dentro da empresa que lhe abriu as portas, fechando outras janelas de oportunidades e, por consequência, deixando de conviver com pessoas de seu ramo de atuação, existem profissionais que se blindam, não por vontade própria, mas por medo de represálias do próprio ambiente.

O dilema de quem está empregado de se projetar externamente, se destacando nas redes sociais ou simplesmente participando de eventos de classe, parece abater muitos colaboradores receosos com a repercussão desses atos externos com pares, colegas e gestores que estão em seu ambiente interno.

"Será que está procurando emprego?" ou "Será que está usando seu cargo na empresa para projetar seu conhecimento e assim conseguir algo melhor?" são algumas das perguntas que podem surgir quando um profissional aparece em momentos de networking externo.

Muitas empresas com culturas tóxicas podem, sim, associar o movimento social de um colaborador a tais indagações e até concluir equivocadamente que o fato de alguém ter um posicionamento externo o faz não estar totalmente focado em seu atual ambiente de trabalho. Tamanha besteira se propaga com certa facilidade por aí, causando estragos desnecessários à imagem de quem usa dessa prática.

Acontece que, como abordamos anteriormente, não cabe ao ambiente empresarial cuidar da marca pessoal de cada colaborador.

Apesar de muitas empresas serem minimamente preocupadas de verdade com seus colaboradores a ponto de terem planos de *outplacement* (plano de apoio de recolocação para ex-funcionários), se a relação é meramente de trabalho, ou seja, paga-se por um tempo de dedicação que pode ou não ser exclusiva enquanto os resultados gerados estejam satisfatórios, não caberá à empresa auxiliar o profissional a vender seu próprio peixe no mercado quando o vínculo entre eles for rompido.

A responsabilidade de manter sua rede de networking ativa e sua imagem pessoal íntegra é e sempre será sua enquanto profissional.

Segundo a estrategista em carreira e marca pessoal Deize Andrade, marca pessoal é o sentimento, a percepção que as outras pessoas têm de nós, partindo da forma como nos comportamos, do que falamos, das nossas atitudes e ações.

Marca pessoal não se cria nem se constrói, se deixa ao longo da vida. Com o nosso desenvolvimento, nossa marca se torna cada vez mais significativa.

Deize Andrade, pós-graduada em Personal Branding pela Universidade de Blanquerna, na Espanha, reforça que o autoconhecimento é o elo mais importante para projetar corretamente sua marca pessoal:

> *Como seres evoluídos, trabalhamos para ser pessoas melhores, e nossa marca pessoal deve refletir essa evolução, sendo cada vez mais forte e valiosa. No entanto, muitas vezes, por timidez ou por falta de estratégia, deixamos de nos mostrar em nossa melhor versão, principalmente na vida profissional.*

> *Pensamos que mostrar o que valemos é "exibir-se", quando, na verdade, é posicionar-se! Atualmente todos podem aparecer devido à facilidade que se tem de ser visto em qualquer parte do mundo, portanto, cada um de nós precisa demonstrar o seu melhor nos meios de que dispuser. Aí entra o trabalho para trazer à tona o nosso potencial e torná-lo percebido no ambiente laboral em que se deseja estar e ser reconhecido.*

> *A gestão da marca pessoal passa pelo autoconhecimento, dando clareza às nossas habilidades e limitações, pela definição de nossos objetivos e a estratégia para alcançá-los. Sendo assim, trabalhar esse processo é fundamental para a construção da carreira desejada, alavancando o nosso sucesso.*

Mas como imprimir sua marca pessoal, se a empresa em que trabalha hoje não vê com bons olhos sua projeção externa?

A sua marca existe independente dos lugares onde você se expõe. Se por razões de conflito com as diretrizes da empresa, um profissional prefere não se mostrar nas redes sociais, em especial no LinkedIn, de qualquer maneira ele deixará sua marca dentro da empresa onde trabalha, nos clientes, fornecedores e parceiros dessa empresa. O que fazemos sempre impacta um certo número de pessoas; porém, para fazermos nossa marca pessoal crescer, de acordo com a estratégia, devemos alinhar nosso momento atual ao o que desejamos para o futuro.

Infelizmente, todo mundo está sujeito a aceitar um desafio em um ambiente extremamente julgador e tendencioso, mas caberá a cada profissional assimilar corretamente seu momento de carreira para montar sua estratégia de marca pessoal considerando a companhia em que está inserido.

→ Como separar minha vida PF da PJ e manter minha marca pessoal ativa?

Sei o quanto é complexo desassociar sua marca pessoal do lugar onde trabalha. Particularmente, enfrentei dificuldades em imprimir minha marca própria após ter ficado doze anos em uma mesma empresa. Depois de um certo tempo, as pessoas à nossa volta, nos eventos que participamos e em nossos perfis em redes sociais, acabam solidificando muito essa correlação — inclusive, em casos extremos, associam nossos nomes com sobrenomes corporativos, como no meu exemplo: muita gente me chamava de "o Eberson da Kroton", e não de "o Eberson Terra".

Claramente existem benefícios ao associar sua marca pessoal a uma marca empresarial que preze e compartilhe seus valores, mas a dúvida que fica é: até quando isso é vantajoso ao profissional e o quanto isso pode fazê-lo perder a identidade perante o mercado? Uma boa analogia é sobre aquele ator que representou um personagem por tanto tempo, que, quando a série acaba, precisa "descansar a imagem", pois para o público eles são a mesma pessoa. No mercado de trabalho também é assim.

Representar sua empresa em eventos externos, dar palestras e associar seu nome à marca da qual hoje você faz parte funcionam como o primeiro passo para abrir caminho com maior facilidade, ajudando sua projeção ao vincular sua imagem a uma mais forte existente no mercado. Porém, com o tempo, essa relação pode confundir as pessoas em relação à sua própria carreira e até no tocante às suas reais intenções e metas futuras.

Após a primeira abertura conquistada com a associação da marca mais forte à sua, a sugestão é começar a projetar seus desafios e conquistas pessoais dentro da empresa, promovendo sempre sua participação em algo relevante que aconteça internamente.

Dessa maneira, começará a ficar mais evidente a relação correta entre sua marca pessoal e marca, a qual você representa hoje em uma função ou cargo.

→ Projetando sua marca externamente sem prejudicá-la internamente

Quando comecei a escrever posts no LinkedIn, fui abordado por muitos colegas de trabalho que me perguntavam se eu estava insatisfeito com alguma coisa na empresa. Obviamente a primeira correlação que as pessoas fazem ao perceber sua movimentação em uma rede social é com seu ambiente interno, mesmo que o fato motivador de você querer se posicionar seja completamente diferente. Vão lhe perguntar se você "brigou com alguém", se seu líder "sacaneou você" ou ainda, e não menos provável, se "está procurando um novo emprego". Estabelecer de forma clara seu objetivo com seu empregador (caso exista um) ao começar a projetar sua marca pessoal e profissional externamente é fundamental, para não fazerem juízo de valor ou terem interpretações equivocadas de suas verdadeiras intenções.

De qualquer forma, você nunca estará totalmente blindado ao se posicionar. Sempre haverá riscos! Nem sempre você será porta-voz da mesma posição da empresa, e é justamente por incompatibilidades de valores que tais riscos aumentam, podendo levar a uma ruptura na relação, como um desligamento prematuro e até inesperado por parte do profissional. Acredite, isso acontece com mais frequência do que se imagina!

Posicionar-se, portanto, passa a ser uma arte que deve ser exercitada de forma cuidadosa para não ter um impacto negativo. Mensagens positivas sobre a entrega de projetos, enaltecer o trabalho de colegas e falar sobre aprendizados ao longo de sua vida profissional são coisas tão óbvias, que não perderemos tempo em dizer como construí-las — apenas garanta que o uso correto da gramática está sendo aplicado e sinta-se livre para produzir seus próprios conteúdos, e você estará trilhando um ótimo caminho.

O grande problema acontece quando encontramos valor em falar sobre assuntos sensíveis e que podem agregar muito valor à sua marca, demonstrando como sua postura e seu posicionamento sugerem que sua personalidade é um ativo importante na construção de sua imagem profissional, sendo um diferencial perante outros concorrentes.

Essa linha tênue pode determinar seu sucesso, abrindo portas inimagináveis para sua carreira, ou enterrar catastroficamente suas chances de ascensão no mercado.

Ao longo de anos expondo minha marca pessoal e profissional nas redes sociais, pude aprender com erros e acertos que me ajudaram a desenvolver três regras de ouro para meu posicionamento, as quais gostaria de compartilhar:

a) *Quer expor uma experiência ruim que teve?* Todo mundo já passou por situações difíceis na carreira. Use com sabedoria suas próprias histórias. Nem sempre o atual empregador verá com bons olhos, mesmo falando que foi algo do passado — afinal, se você fala isso de antigos trabalhos, nada impede de falar do atual no futuro. Podem pensar ainda que você está querendo passar um recado para alertar de forma indireta seu atual empregador. Frases de efeito, por exemplo, mesmo que escritas em terceira pessoa, podem dar essa conotação, portanto, muito cuidado! Tudo isso dependerá da cultura na qual você está inserido hoje. Se mesmo assim achar que vale a pena tocar no assunto, foque o aprendizado, e não o problema. Reduza seu esforço em falar como foi ruim e detalhe como aquilo serviu para fortalecê-lo.

b) *Quer se posicionar sobre algum assunto polêmico?* Vez ou outra ouvimos a expressão *"Política, religião e futebol não se discutem"*. Apesar de discordar completamente dela, o local e o respeito precisam formar o alicerce para que esse tipo de tema seja debatido de modo apropriado. Crenças e convicções são formadas desde a infância, não apenas pelo processo de aprendizagem, mas principalmente de contato com o meio em que vivemos. Opiniões divergentes sempre existirão, mas a forma como o diálogo acontece pode influenciar a impressão e o julgamento que as pessoas têm umas das outras. Assuntos que mexem com nosso âmago produzem comportamentos exageradamente apaixonados, que podem nos levar a pecar na maneira de comunicar e, principalmente, de defender um ponto de vista. O grande erro de profissionais que expressam suas opiniões em assuntos polêmicos é não deixar evidente que aquela é uma visão própria e que não representa, de forma integral e homogênea, a opinião coletiva de seu ambiente, seu grupo de interesses ou sua empresa. Nessa defesa de posicionamento, o profissional pode, inconscientemente, estar negligenciando valores e crenças de outras pessoas, inclusive daquelas que possam vir um dia a fazer negócios com ele.

c) *Quer corrigir alguma publicação de alguém usando seu conhecimento?* Demonstrar o quão profundo é seu conhecimento e o quanto suas experiências ajudaram a resolver problemas complexos não o torna melhor que ninguém, apenas o credencia a compartilhar seus pontos de vista, considerando seu ambiente, o momento e todas as variáveis que o cercam. Muitos profissionais acabam sendo rotulados como antipáticos nas redes sociais e em ambientes comuns, como eventos e palestras, por tentar desconstruir conceitos apenas baseando-se em suas experiências, sem o grau necessário de profundidade sobre o cenário onde aquele conceito se provou útil. A falta de empatia na tentativa de apresentar novas formas de pensamento colocam em xeque toda a construção do marketing pessoal, transformando aquele profissional em uma espécie de antítese do que ele gostaria de ser: o indesejado no mercado.

d) *Participar de Lives nas redes sociais pode ser uma faca de dois gumes:* Lives e salas de bate-papo ao vivo por áudio trouxeram maior complexidade de gestão da sua exposição. Se por um lado elas dão oportunidade ímpar de se posicionar e ganhar relevância contribuindo para debates profundos e importantes para seus objetivos, essas ferramentas não têm filtros nem edição, ou seja, palavras mal colocadas ao vivo podem criar mais problemas do que benefícios.

→ Criando uma rede de indicações

O networking, seja online ou offline, deve ser visto como uma construção ganha-ganha. Não existe pior estratégia do que tentar "fazer" networking quando se precisa e simplesmente esquecer seus contatos após conseguir o que queria. Uma rede de relacionamento precisa ser alimentada com frequência e reciprocidade.

Profissionais que não apoiam projetos de colegas, pares e até amigos e familiares são naturalmente isolados socialmente, reduzindo drasticamente a possibilidade de se fazer networking genuíno, pois visam apenas o próprio crescimento, sem se importar com os ganhos indiretos oriundos de ações mútuas no mercado de trabalho.

Outro tipo de erro comum no mercado é deixar que um momento de urgência e ansiedade passe a tomar conta do processo de raciocínio e faça um profissional perder sua inteligência emocional no trato com outros profissionais. Aproximar-se sem ter uma construção sólida e pedir algo sem mesmo conhecer minimamente a trajetória do outro pode arruinar suas chances de criar um grupo sólido, que pode, futuramente, render indicações de qualquer natureza.

Ao perder o alicerce, como ser demitido de um emprego, um profissional pode se desestabilizar de maneira tão profunda a ponto de perder a calma e partir para uma ação desestruturada, lançando-se desesperadamente ao mercado.

Eu, por exemplo, recebo dezenas de mensagens no LinkedIn de profissionais que não tive a oportunidade de conhecer, trabalhar junto ou de ter uma experiência mais próxima, mas que pedem encarecidamente (e outros até com um tom de exigência) que eu os indique para uma empresa ou uma oportunidade de trabalho. Nesses casos, mesmo sendo empático com situações dificílimas que muitos me abordam, seria imprudente e negligente da minha parte simplesmente repassar aquele contato para alguém do meu próprio círculo sem múltiplas checagens que me dariam segurança em fazê-lo. Apesar das negativas serem redigidas com bastante cuidado, para muitos, elas soam como uma possível má vontade de minha parte.

Acontece que indicações são extensões de confiança, e o seu processo de concessão para um colega ou parceiro estratégico acaba sendo a prova de que você tem uma rede de contatos relevante. Tratar com descuidado tal confiança pode jogar fora todo o esforço despendido para a construção desse ativo de sua própria carreira.

Logo, se a indicação é um selo de qualidade checado e atestado previamente por um contato de extrema confiança, existirá, de certa maneira, uma corresponsabilidade de quem indica um profissional ou uma empresa a alguém. É por esse motivo que desenvolver seu networking — interno, externo, online e offline — se torna um diferencial importante para a construção de sua trajetória.

11

TERCEIRA DIMENSÃO:
Rotação de Habilidades

Entrevista exclusiva com o especialista

Arthur Rufino
CEO da Octa Economia Circular Automotiva.

ACESSE O QR CODE E CONFIRA

"Não há que ser forte. Há que ser flexível."

— Provérbio Chinês

Até pouco tempo atrás, existia um conceito bastante difundido nas áreas de RH das companhias, mas principalmente entre gestores, sobre a postura profissional: quando passar pela porta de entrada da empresa, deixe sua vida pessoal lá fora.

Graças ao processo de humanização da liderança, que deixou de lado o simplismo de comparar o desempenho de um profissional a uma máquina de linha de produção, muitas empresas começaram a tratar com mais atenção causas e efeitos da performance profissional. Apesar dessa evolução no processo de gestão, um ambiente de trabalho ainda pode ter inúmeras armadilhas culturais, que julgam e rotulam um profissional a ponto de ele nunca mais recuperar sua reputação ou o desejo de trabalhar novamente naquele setor.

Eu mesmo passei por uma situação semelhante no início da minha carreira. Ainda sem ter desenvolvido muitas habilidades comportamentais, tampouco tê-las usado de forma apropriada, acabei tomando diversas atitudes precipitadas sem entender o contexto em que estava inserido.

Na ocasião, eu era responsável por gerir um projeto multidisciplinar com um prazo curtíssimo de execução, e o sucesso daquela ação coordenada dependia totalmente de entregas intermediárias de uma equipe, cujas atividades eram preservar a quantidade de vendas mínimas em sua unidade de negócio, ou seja, bater sua meta no mesmo período em que teria de entregar as tarefas exigidas no meu projeto.

Com a faca no pescoço, a líder daquela unidade se concentrou em bater sua meta para preservar o emprego de muitos profissionais da equipe, deixando a entrega do projeto para o último dia possível estimado no meu cronograma.

Mesmo cumprindo ambas as incumbências, eu, que tinha apenas a visão do meu projeto, julguei e fiz um enorme "terrorismo" sobre as consequências da possível não entrega daquela atividade. Pressionei de forma exagerada, sem ter uma visão ampla de tudo o que estava acontecendo. Se, por um lado, atuei com exímia transparência e senso de dono do projeto, por outro, minha falta de empatia criou um problema de comunicação e uma rusga que demoraria meses a ser desfeita.

Esse exemplo é um dos males mais comuns de uma cultura organizacional e que pode distorcer o entendimento de muitos profissionais que caem de paraquedas em um ambiente corporativo. Apesar de a cultura representar a alma de uma empresa, ela acaba tendo divisões e até interpretações equivocadas, dependendo do nível de opressão que exista no ambiente, formando, assim, microambientes.

Na maioria das vezes, os microambientes são prejudiciais, pois escondem dos colaboradores ali inseridos valores éticos e morais que fazem parte da cultura da companhia. Para as empresas, a criação dessas distorções culturais desequilibra o clima organizacional e destrói valores importantes, gerando uma estafa mental que acarreta a queda de produtividade de times inteiros.

Se eu estivesse plenamente preparado para conduzir aquele projeto, teria evitado todo o desgaste provocado por uma pressão exagerada. Naquela situação, faltou repertório de habilidades, mas mesmo que as tivesse, talvez não adiantaria se não soubesse sacá-las no momento adequado, fazendo um rodízio correto entre competências para chegar ao resultado esperado com o menor impacto possível.

Portanto, a dimensão *Rotação de Habilidades* trata justamente de exercitar diariamente não apenas a aplicação correta delas, mas também quando migrar para estratégias menos danosas ao ambiente por meio da Inteligência Emocional e de um conceito de que gosto bastante: a perspicácia, ou seja, ter a capacidade de compreensão de cenários por meio de poucos indícios, tendo sagacidade para assimilar rapidamente eventuais mudanças no ambiente.

Logo, para rotacionar uma habilidade corretamente, sacando uma competência no momento certo, é preciso antever o que pode estar prestes a acontecer e fazer correlações sobre os fatos. Apenas dessa maneira você conseguirá moldar sua postura para estar mais adequada àquela situação, reduzindo riscos de ser mal interpretado ou de meter os pés pelas mãos. Essa habilidade é tão poderosa, que você pode e deve utilizá-la diariamente, tanto em seu ambiente interno quanto para compreender as evoluções e caminhos que sua Carreira Exponencial pode explorar.

É possível desenvolver a perspicácia?

Quando li a primeira vez o livro *Mindset: A Nova Psicologia do Sucesso*, da Dra. Carol Dweck, me lembrei de diversas passagens da minha adolescência e de meu terrível medo de fracassar. A escritora consolidou décadas de pesquisa em dois grandes modelos mentais, ou mindsets: o fixo e o de crescimento.

Enquanto o primeiro refere-se às pessoas que acreditam que talento e habilidade são inatos, por isso não se arriscam a desenvolver algo fora de seu repertório por medo de falharem, o segundo entende que cada experiência, de sucesso ou fracasso, serve para o seu crescimento.

Então precisamos desconstruir o paradigma de que um ser humano nasce com capacidades já determinadas e dons e habilidades inatas; logo, qualquer um de nós é capaz de desenvolver qualquer habilidade, inclusive a perspicácia.

Não sou psicólogo, portanto, não me atreverei a falar sobre o processo em questões mais técnicas, porém existe um método de fácil assimilação e que gostaria de compartilhar com você de maneira simples: o Método Científico de Pensamento.

Para não ficarmos com a complexidade a que o método remete no âmbito de uma experiência científica de fato, vou exemplificá-lo com um personagem bastante conhecido da literatura britânica: Sherlock Holmes, que inclusive é base para o livro *Perspicácia: Aprenda a Pensar como Sherlock Holmes*, da psicóloga Maria Konnikova.

Se você já teve a oportunidade de ler ou assistir a alguma aventura deste famoso detetive criado por Sir Arthur Conan Doyle, deve se lembrar de como sua capacidade de solucionar crimes complexos era espantosa. Em cada desfecho de caso, parecia que tudo clareava de maneira contundente, porém, ao longo da investigação, era possível observar cada etapa do método que ele e seu parceiro, Dr. Watson, usavam para chegar a tais conclusões.

Para começarmos a compreender o Método Científico de Pensamento, é preciso detalhar sua primeira etapa: a observação. Apesar de parecer tão evidente, o processo de observação, se bem utilizado, pode já eliminar uma série de hipóteses. Em passagem no livro *Um Estudo em Vermelho*, o próprio Sherlock Holmes explica sua arte de investigação, falando sobre como começar com problemas e informações mais elementares, ou fáceis, e depois ir evoluindo para questões mais complexas.

Trazendo esse primeiro aspecto para o nosso ambiente de trabalho, você já percebeu como muitos estão se acostumando a tomar partido, deduzir algo de forma superficial ou, ainda, supor coisas que nem sempre são a verdade?

Na ânsia de querer resolver um problema ou de antecipar a visão de um colega, estamos criando uma cultura corporativa em larga escala de suposições e atropelamento dos fatos e dos detalhes. Já não bastasse a complexidade advinda de um mercado competitivo e da crise sem precedentes, ainda estamos nos tornando relapsos e omissos com aquilo que pode ser um diferencial para nossa trajetória.

Somente após um processo rigoroso de observação, quando todas as informações estão sobre a mesa, entramos na etapa de criação de hipóteses, levantando diversas linhas de pensamento sem excluir nenhuma possibilidade. É quando você poderá tecer teorias sobre um problema ou situação específicos, sem ainda tomar uma decisão possivelmente atabalhoada.

Muita gente, incluindo líderes e alta gestão, confunde agilidade com pressa no processo de tomada de decisão. Ao estar diante de diversas linhas de investigação é quando mais ocorrem negligências no ambiente de trabalho, seja pela pressão para dar uma resposta ou para se livrar da responsabilidade de investir mais para ter absoluta certeza de que aquele caminho é o correto.

Sendo bastante pragmático, seguir por um caminho errado por pressa acaba sendo muito mais caro quando se tem que voltar ao ponto de partida e recomeçar, desperdiçando recursos que já estavam sendo usados. A mesma situação pode acontecer com nossas relações interpessoais, ao aceitarmos ou recusamos desafios, e até quando entramos em jogos políticos no ambiente de trabalho.

Considerando que você segurou a ansiedade e continua com todas as linhas de investigação, chegou a hora de testar cada uma delas, a fim de descartar as que realmente não fazem sentido, até sobrar apenas uma que tem mais chances de ser a verdade, ou o caminho a ser seguido. Então, selecione a habilidade necessária para responder ao problema, situação, ou até tomar uma decisão sobre seu futuro.

Esse é o ciclo mais simples e básico do método. Exatamente como acontece em ambientes científicos e como o raciocínio de Sherlock Holmes trabalha.

Apesar de parecer simples, imagine aplicá-lo diariamente, com velocidade de correlações, e tornar esse processo automático em seu cérebro. Esse é um dos caminhos possíveis para habilitar sua perspicácia.

Aplicando a perspicácia no ambiente de trabalho

Partindo para a prática, em seu ambiente de trabalho, você se deparará com diversas situações em que será possível antever impactos. É nesse contexto que a perspicácia o auxiliará a buscar soluções e alternativas de forma antecipada.

Sabe quando algo está acontecendo na empresa, mas ninguém se pronuncia oficialmente, gerando ansiedade e fofocas pelo corredor?

Então! Situações como essa podem apresentar tendências importantes sobre movimentos da política interna ou até preocupações da alta gestão que podem impactar diretamente a sua vida laboral e a de seus colegas de trabalho.

Considerando sua capacidade de análise holística, você ficará atento a pequenas circunstâncias que acontecem ao seu redor, que lhe darão mais informações para deduzir um possível cenário. Preparando sua mente, dificilmente você será pego de surpresa, e poderá inclusive se preparar caso algo mais sério venha a ocorrer, como uma demissão em massa derivada de corte de gastos, por exemplo.

As relações interpessoais são as mais perigosas, no sentido de esconderem as reais intenções. Nós sempre estamos sendo observados, e compreender se estamos com a postura correta diante de uma situação é tão relevante quanto a sagacidade em encontrar uma solução para ela.

Esse exercício pode ser feito em reuniões de trabalho, em que colegas, fornecedores e clientes podem dar sinais claros de insatisfação sem emitir uma palavra sobre o assunto.

Sua perspicácia deve ajudá-lo a encontrar a melhor forma de se comunicar, de responder às críticas, de redirecionar ou "pivotar" sua atuação, de priorizar atividades e, principalmente, de criar segurança sobre futuros cenários.

E quando não existe a possibilidade de antever situações?

Será necessário se adaptar à nova realidade!

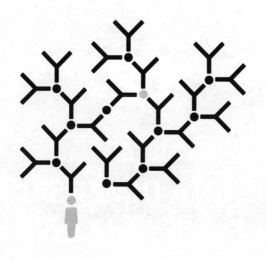

12

QUARTA DIMENSÃO:
Adaptabilidade ao Novo

Entrevista exclusiva com a especialista

Elisa Tawil
LinkedIn Top Voice e fundadora do Movimento Mulheres do Imobiliário.

ACESSE O QR CODE E CONFIRA

> "Inteligência é a capacidade de se adaptar à mudança."
>
> **— Stephen Hawking**

Eu não poderia ter tido um exemplo mais evidente da necessidade de adaptabilidade para este livro como o impacto que a pandemia de coronavírus causou ao deixar milhões de pessoas confinadas em suas casas ao longo de 2020. A verdade é que pouquíssimas empresas estavam preparadas para o trabalho remoto, não só tecnologicamente, mas sobretudo culturalmente.

Muita gente (empresários, colaboradores e profissionais liberais) teve que se organizar a toque de caixa para continuar produzindo em um contexto completamente novo para a maioria. Afinal, todos tiveram que lidar com os ajustes no trabalho literalmente de um dia para o outro, além de desafios pessoais, como lidar com filhos em casa e com aulas remotas, o distanciamento de familiares e a mudança de toda uma rotina já organizada.

Para as empresas, o alicerce tecnológico necessário para redirecionar seus esforços para o novo momento não estava sequer pensado, o que levou muitas delas a ter que desembolsar muito mais do que se a ideia do home office tivesse sido planejada previamente.

Nunca tivemos um evento tão contundente que nos obrigasse a nos adaptar a um novo cenário em tão pouco tempo. Muitos se perderam no caminho ao deixar de performar como antes, pois com tantas mudanças e incertezas, para uma grande parcela da população, ficou difícil pensar em desenvolvimento profissional nesse período.

Apesar de catastrófica, segundo o matemático Nassim Nicholas Taleb, que desenvolveu a Teoria do Cisne Negro, a pandemia poderia ser prevista com base em diversas outras pandemias que aconteceram na história, além dos diversos alertas que foram dados recentemente, como o curioso TED Talks de Bill Gates em 2015, quando falou exatamente sobre o iminente risco de isso acontecer.

De qualquer forma, eventos raros de impacto desproporcional podem acontecer sem serem previstos. É nesse sentido que a Teoria do Cisne Negro consiste. Imagine uma situação tão improvável de acontecer, que beira o inverosímil, dada a impossibilidade de calcular sua probabilidade de ocorrer. Algo que foge completamente de qualquer expectativa, com consequências inesperadas e de grande magnitude.

Neste contexto, não é possível se valer de toda a sua perspicácia para antever um movimento, logo, será necessário outro tipo de comportamento quando um evento de Cisne Negro acontecer de fato. Por isso, dediquei duas dimensões diferentes que precisam ser trabalhadas para se obter uma carreira exponencial: uma que o auxilia a tomar decisões e planejar antídotos para situações que você consegue prever, e esta de adaptação a algo inevitável, mas sem a possibilidade de se preparar com antecedência.

Adaptando-se ao novo

Se é inevitável prever um Cisne Negro, o nosso trabalho enquanto indivíduo é se adaptar à nova realidade. Esse mesmo processo de adaptação acontece quando trocamos de ambientes de trabalho ou ingressamos em projetos ainda desconhecidos. Não podemos, obviamente, comparar ajustes de ambiente a um cataclismo, porém experimentar algo completamente novo é sempre desafiador.

Esse processo tem uma explicação na ciência e se chama Síndrome de Adaptação Geral (SAG). É uma reação do nosso corpo perante um período de estresse, seja físico ou psicológico. Quando mudanças profundas acontecem ao nosso redor, é comum que o processo de adaptação seja terrivelmente complicado, nos obrigando a passar pelas três fases da SAG:

- **Alarme:** Quando o nosso corpo é tomado por hormônios que provocam sensações de pavor, suor nas mãos e palpitação.

- **Resistência:** Após o primeiro baque, o corpo tenta voltar ao normal, mas ainda está sob um estágio de prontidão que pode perdurar por bastante tempo.

- **Exaustão:** Por fim, o corpo se rende, por não ter mais forças para confrontar o estresse, e acaba padecendo, gerando novos sinais maléficos à saúde, como a ansiedade e a depressão.

Por outro lado, quando experimentamos um processo de mudança previamente planejada, nosso sentimento e nossa resiliência para enfrentar uma adaptação tendem a um caminho prazeroso. Por exemplo, isso acontece quando você escolhe deixar um posto em uma empresa e aceitar um novo desafio em uma outra, que você estudou, de onde conheceu pessoas e que acabou se tornando seu objetivo pessoal e profissional. Neste caso, passamos, na maioria das vezes, pelas fases de adaptação do que chamamos da Curva U de expatriados, de Lysgaard (1955):

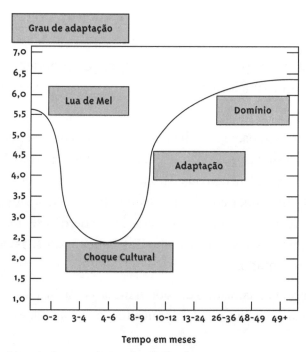

Figura 12.1: Adaptado do artigo "The effects of expatriation on identity: case study", de Juan Miguel Rosa González e José Arimatés de Oliveira

- **Lua de mel:** Você fica deslumbrado pela nova cultura. Suas expectativas o cegam a ponto de só enxergar coisas boas nesse novo ambiente.

- **Choque cultural:** Quando as primeiras dificuldades se apresentam, a realidade é mostrada de maneira mais clara, deixando cair o efeito do encantamento inicial.

- **Ajuste:** Quando o profissional começa a assimilar o funcionamento e a maioria das condições do novo ambiente, ele passa a moldar sua atuação de acordo com sua nova realidade.

- **Domínio:** Quando a cultura como um todo é aceita pelo profissional, bem como ele é aceito pela nova cultura.

Resiliência e a antifragilidade

Obviamente, não teremos a escolha de vivenciar ou não um evento de Cisne Negro, mas podemos desenvolver habilidades que nos ajudem a encarar as dificuldades desse momento com mais segurança e serenidade.

Na física, o termo "resiliência" corresponde à propriedade de certos corpos de retornar à forma original após sofrerem alguma deformação ou choque.

Nos últimos anos, ele também foi difundido como sendo uma habilidade importante para os profissionais no mundo do trabalho, quando diversos líderes e gurus começaram a vender a resiliência como um diferencial emocional em ambientes de alta pressão. Desta maneira, profissionais resilientes teriam a capacidade de não se abalar com estímulos negativos e situações adversas, adaptando suas atuações ao cenário apresentado.

Mesmo sendo considerada por muitos como a mais importante competência do século XXI, o conceito por si só esbarra em alguns entraves, que foram resolvidos pelo próprio Nassim Taleb, em seu livro *Antifrágil: Coisas que Se Beneficiam com o Caos*.

Enquanto a resiliência, por essência, remete à nossa aptidão de retornar ao que éramos, nos mantendo os mesmos diante de dificuldades apresentadas, a antifragilidade seria a habilidade de crescermos após momentos de estresse e incertezas.

No livro, um dos exemplos dados por Taleb é a história da Hidra de Lerna, uma criatura da mitologia grega que teria a capacidade não apenas de se regenerar quando uma de suas cabeças fosse cortada, mas também de criar outras duas novas no lugar.

Logo, esse novo conceito caiu nas graças do mundo dos negócios, e tal habilidade começou a ser vendida e explorada em cursos, mentorias pessoais e livros de autoajuda, substituindo a resiliência.

Sem dúvida, ambas as habilidades podem e devem ser desenvolvidas por meio da Inteligência Emocional, garantindo que você consiga progredir em um mundo de tantas aleatoriedades, no qual é impossível antever o que o aguarda.

Apesar de concordar que a antifragilidade é relevante para o crescimento profissional nos dias de hoje, é preciso tomar muito cuidado com a aplicação desse conceito no ambiente de trabalho.

Muitas discussões envolveram e ainda envolvem a resiliência e, mais recentemente, a antifragilidade, que passaram a ser um subterfúgio de chefes ruins para aumentar significativamente a demanda em times extremamente enxutos, cujos membros deveriam ficar calados ou seriam rotulados de fracos e vulneráveis, exatamente o oposto do que essa habilidade "pregava", na interpretação equivocada de alguns.

Sob a justificativa da antifragilidade, muitos ambientes se tornaram tóxicos e deram mais poder para que líderes mal-intencionados praticassem desmandos, enquanto as equipes ficavam cada vez mais acuadas.

Portanto, não caia no conto de que ambientes tóxicos criam uma espécie de provação, pela qual você precisa passar para aprender e se tornar mais forte. Quando algo passa do limite ético e rompe com seus valores, vira repressão!

Como a antifragilidade pode florescer em você?

Considerando os eventos impossíveis de prever pelos quais passaremos ao longo de nossa jornada profissional, ser antifrágil pode se tornar um artigo para sua sobrevivência.

Não acredito que seja possível se tornar totalmente antifrágil, já que estaríamos considerando que esse indivíduo chegou à sua plena maturidade e não cresceria com novas experiências — ou seja, atuar com antifragilidade é um exercício recorrente e vitalício.

Durante o meu processo de crescimento (que ainda está em movimento), identifiquei dois pilares que se tornaram fundamentais para desenvolver minhas respostas aos momentos difíceis pelos quais passei e que continuarei aplicando aos tantos outros que ainda passarei até o fim da vida.

O primeiro deles é simular um ambiente de escassez, seja financeiramente em casa, de recursos no trabalho ou de oportunidades de crescimento. Exercitar sua criatividade, buscando soluções mais eficientes, vai acostumando o seu cérebro a pensar dessa forma quando, de fato, o momento vier a ocorrer. Imagine simular uma situação de desemprego, e você verá como ter reservas financeiras para se manter por um período, por exemplo.

Para todos os efeitos, a criatividade aguçada o ajudará a formular soluções completamente novas para coisas jamais vividas antes.

O segundo mecanismo que me auxilia bastante a crescer após eventos de profunda incerteza é analisar os fatos com frieza, buscando assimilar erros e acertos. Apesar de bastante difundido em gestão de projetos, criar de verdade uma reflexão para gerar um rol de "lições aprendidas" é pouco vivenciado na prática.

Poucos e seletos profissionais conseguem incorporar aprendizados passados em situações futuras, que colocam à prova suas próprias convicções, justamente por ser difícil desconstruir conhecimentos arraigados. Muitas vezes, o ego, sem ser pejorativo, acaba falando mais alto e mantendo os profissionais seguindo caminhos mais confortáveis, buscando o *status quo*.

13

QUINTA DIMENSÃO:
Potência de Crescimento

Entrevista exclusiva com a especialista

Paula Bellizia
VP de Marketing da Google Latin America, ex-CEO da Microsoft Brasil e conselheira de empresas.

ACESSE O QR CODE E CONFIRA

> "A vida é igual a andar de bicicleta. Para manter o equilíbrio, é preciso se manter em movimento."
>
> **– Albert Einstein**

Você saberia dizer qual o tempo médio que um profissional deve ficar em um cargo para estar preparado e apto para assumir um desafio maior? Não? Não se preocupe, esta pergunta não tem resposta certa ou errada.

No início de 2011, recebi o tão esperado convite para me tornar diretor. Eu estava na cadeira de gerente há três anos e já havia entregado diversos projetos importantes para a empresa. Minha expectativa em dar um passo maior na carreira ali dentro era grande a ponto de permear o assunto em algumas conversas de feedback na época com o RH e meu antigo gestor.

Junto de toda a euforia gerada pela notícia, a ficha também começava finalmente a cair: eu não estava totalmente preparado para aquele cargo. Novas competências me seriam exigidas, e eu começava a me perguntar se não deveria permanecer mais tempo para testá-las em um ambiente conhecido e totalmente dominado. O meu sonho estava virando realidade, mas simplesmente fiquei paralisado pelo medo de estragar toda a minha trajetória até aquele momento, sendo rotulado como um "erro estratégico", caso não desse conta do recado, como aconteceu com os programadores que viraram líderes.

Eu tinha apenas dois dias para aceitar ou declinar o convite. Depois de refletir bastante os prós e contras, tomei coragem e aceitei o desafio.

A grande dúvida que paira na cabeça da maioria dos profissionais é o quão arriscado pode ser um movimento ascendente sem a devida preparação. Por outro lado, esta pergunta importante também surge: quais são os impactos de se manter em um mesmo patamar por se sentir seguro e perder uma oportunidade que pode não voltar a aparecer quando finalmente estiver preparado para ela?

A verdade é que ninguém está totalmente preparado para assumir um novo desafio. Mesmo tentando testar novas habilidades, o ambiente, as pessoas e os círculos políticos são completamente diferentes. Além disso, a intensidade e a incidência do poder de decisão está mais perto, portanto, todos os motivos que envolvem uma estratégia ficam mais evidentes. Assim, é difícil afirmar "se" e "quando" alguém estaria preparado para viver algo jamais experimentado na prática.

Dada a constatação, as variáveis mais palpáveis que sobram para quem está diante de uma decisão difícil como esta são: (1) a velocidade de crescimento esperada para sua carreira; (2) os riscos envolvidos; e (3) a dificuldade em estancar os gaps para exercer plenamente a nova função.

A potencialidade de crescimento, portanto, utiliza as quatro dimensões anteriores, sob a ótica dessas três questões fundamentais, que devem ser trabalhadas pelo profissional visando determinar o grau de celeridade que ele deseja para sua ascensão profissional ou transição de carreira, seja em uma tomada de decisão diante de um convite para assumir um novo cargo ou cavando suas próprias oportunidades no mercado.

#1 A velocidade de crescimento esperada para sua carreira

Quando dirigimos um carro, temos a opção de acelerar e frear. Andar em baixa velocidade nos levará ao destino, mas pode ser que cheguemos atrasados ao compromisso. Já ao pisarmos fundo no acelerador, andaremos mais rápido, mas os riscos de perder o controle também aumentam.

Conduzir nossa carreira parte do mesmo pressuposto. Às vezes você está em uma estrada com limite maior de velocidade; outras, está no centro da cidade, com um limite menor. Essas vias são nossas oportunidades, e os limites são nossos momentos de vida.

Em certos momentos de nossa jornada, estaremos mais dispostos a correr riscos e acelerar até o limite da velocidade de cada avenida em que entrarmos; em outros, tentaremos nos manter mais calmos e seguros.

No início de nossa vida profissional, temos menos a perder tanto no âmbito profissional quanto no pessoal, e geralmente somos mais suscetíveis a assumir riscos, diferentemente de quando nossa história está mais consolidada e nos acostumamos com a segurança.

Na prática, pouca gente sabe quando pedir um aumento ou dizer que está pronto para um novo desafio na carreira. O medo faz parte dessa equação, mas ele não pode fazer o seu carro ficar parado no acostamento.

Não existe certo e nem errado com a sua forma de ver o mundo e de contribuir para ele; o que não vale a pena é ultrapassar limites cegamente em prol de apenas uma esfera de vida. Todos os riscos associados às suas escolhas precisam ser encarados e, na medida do possível, respondidos, para reduzir seus impactos negativos.

Os pedais estão apenas sob seus próprios pés.

#2 O risco envolvido

Sair de uma situação confortável para se arriscar é, sem dúvida, algo que demanda coragem. Rumar ao desconhecido, seja aceitando um novo desafio, seja abandonando um modelo de vida baseado no *status quo*, deve, na medida do possível, ser feito com cautela e avaliando todos os cenários que sejam possíveis de prever.

Como tratamos nas Dimensões de Rotação de Habilidades e Adaptação ao Novo, você precisará de perspicácia para entender o que se apresenta e uma boa dose de antifragilidade para superar o que pode vir pela frente. Avaliar riscos envolve essas duas competências.

Calcular riscos vai além de entender se vale a pena corrê-lo ou não; o impacto conta muito para que uma decisão seja tomada. Dar um passo muito maior que a própria perna pode deixá-lo em evidência de uma maneira errada e o fazer perder algumas oportunidades — porém não se cresce fazendo as mesmas coisas sempre. Essa balança precisa estar equilibrada, mas, caso penda para o lado negativo, como você deve responder a esse risco?

Gosto muito da abordagem do PMBOK®, uma base de conhecimento sobre gerenciamento de projetos do PMI (Project Management Institute). Obviamente não é necessário trazer todo o arcabouço e detalhar como um risco deve ser medido e gerido, mas trago para sua reflexão algumas estratégias comuns, visando como você pode encarar e responder a um risco:

- **Mitigar:** Em uma situação hipotética, imagine ser demitido de um emprego por redução de custos. Após esse tipo de decisão ser tomada, é quase inevitável que ela de fato ocorra, e você não teria mais nada a fazer para evitar. Nesse caso, o risco de perder o trabalho deve ser assimilado, ou seja, a única opção que você teria antes de isso acontecer seria contingenciar o período sem renda com uma reserva adicional de dinheiro, por exemplo, mitigando seu impacto. Outro exemplo de ação seria manter suas conexões e seu networking em dia, caso venha a precisar deles, como vimos na segunda dimensão.

- **Evitar:** Nesse mesmo cenário, imagine criar uma estratégia para tentar diminuir a probabilidade de ser demitido. Seu trabalho criativo pode trazer outra visão de redução de custos ou aumento de receitas para a empresa, que possa manter sua saúde financeira minimamente para preservar os times intactos. Você estaria trabalhando nas causas para evitar que o risco acontecesse.

- **Transferir:** Em outro exemplo, imagine que você aceitou uma nova proposta de trabalho em uma empresa conceituada no mercado, porém seu desafio é conduzir um projeto que pode ser cancelado a qualquer momento pela holding norte-americana. Durante as negociações de remuneração, você impõe uma condição: a contratação de um seguro estabelecendo um prêmio de seis salários integrais, caso essa decisão venha a ocorrer. Neste exemplo, você está negociando uma transferência do seu risco de ficar sem renda por um período, caso venha a ser dispensado.

- **Aceitar:** Seguindo o exemplo anterior, você aceitou e começou a trabalhar no novo desafio. Nos primeiros dias, a sua nova equipe está arredia e não concorda com a sua chegada; eles gostariam que alguém do time assumisse o posto de liderança que agora é seu. Existe o risco de a produtividade cair enquanto perdurar a rusga. Querendo evitar mais atrito, você simplesmente ignora o fator produtividade, aceitando que isso pode ocorrer, enquanto trabalha para que as pessoas se acostumem e criem um senso de confiança com o seu trabalho. Apesar de atuar para reverter a postura do time, você não entrará em embate para cobrar um empenho maior das pessoas.

#3 A dificuldade em estancar os gaps para exercer plenamente a nova função

O mercado de trabalho sempre foi e sempre será muito exigente. Muitas áreas de RH colocam dezenas de requisitos em vagas que deveriam ser muito mais simples para contratar, contribuindo ainda mais, de forma desnecessária, para o desemprego.

Enquanto diversas competências técnicas são exigidas, as sociais são negligenciadas. Não caiu a ficha de gestores e RHs que buscam os candidatos dos sonhos de que ninguém estará 100% pronto, e ajustes sempre serão necessários, por questões culturais, técnicas ou comportamentais.

Com você não será diferente. Assumir uma posição acima, transitar de carreira, empreender ou conduzir um projeto totalmente novo lhe exigirá algum grau de desenvolvimento.

Muitas vezes, você se sentirá inferior perante um belo desafio; outras, arriscará sem saber exatamente o tamanho do gap intelectual que tem.

Essa clareza sobre seus próprios pontos fracos será fundamental para compreender o esforço necessário para completar as lacunas exigidas pelo posto que estiver pleiteando. Além de conhecer o caminho a ser percorrido, será preciso averiguar alguns valores culturais que possam demonstrar a tolerância do ambiente à sua adaptação.

Infelizmente, existem muitas empresas (muitas mesmo!) que ainda carregam a cultura do erro zero, sendo totalmente intolerantes com qualquer tipo de deslize, inclusive o primeiro cometido. Nesses casos, não se arriscar pode ser a melhor opção, declinando uma proposta, caso não saiba ao certo quais são os pontos que deve melhorar.

Em empresas mais pacientes e complacentes com os primeiros erros, a visão de que errar faz parte do processo de integração pode ser um sinal muito válido para sua tomada de decisão, mesmo que os gaps sejam maiores.

Caberá a você intensificar sua renovação de conhecimento e rotação de habilidades para errar menos — e, se errar, que seja rápido, para que a solução de contorno não o mantenha exposto.

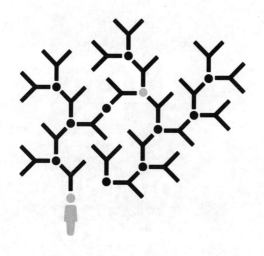

14

SEXTA DIMENSÃO:
Trajetória de Vida

Entrevista exclusiva com o especialista

Edu Lyra
Fundador e CEO da ONG Gerando Falcões.

ACESSE O QR CODE E CONFIRA

"Faça o que for necessário para ser feliz. Mas não se esqueça de que a felicidade é um sentimento simples, e você pode encontrá-la e deixá-la ir embora por não perceber sua simplicidade."

– Martha Medeiros

Não por acaso deixei esta dimensão para o fim. Se as demais são mais previsíveis no contexto de qualquer carreira, a dimensão de Trajetória de Vida é pouco explorada pela maioria das literaturas sobre ascensão e sucesso que encontramos no mercado, pois elas simplesmente desconsideram o seu momento pessoal no planejamento de seus próximos passos profissionais.

Quantas vezes você já se frustrou com um conteúdo sobre carreiras ao perceber que muitas daquelas dicas não funcionam para a sua atual situação de vida? Uns dizendo para você acelerar, acordar 5h da manhã e ler centenas de artigos por semana, e outros pregando completamente o contrário, como desacelerar para produzir mais, tirar tudo de sua mente para o equilíbrio vir etc. O motivo para isso é vender mais e a verdade é que esse tipo de orientação simplesmente ignora a sua realidade e o momento pelo qual está passando.

Talvez você tenha sorte e leia algo que funcione naquele determinado momento, mas a jornada profissional é longa e merece atenção e planejamento de longo prazo.

Hoje, vimos com muito mais frequência a quebra de antigos padrões culturais, como casais jovens postergando a decisão de terem filhos, com foco na carreira ou em voluntariado social ao redor do mundo, ou ainda se permitindo ter experiências internacionais com o modelo de nomadismo digital.

Essa dimensão é importante porque orquestrará as demais dimensões, ajudando você a dar a devida intensidade a cada uma delas ao longo da sua jornada. Afinal, tudo pode mudar, inclusive sua visão sobre o mundo, e eu não poderia julgar o seu momento por meio de um livro e sem conhecer a sua realidade. Em vez disso, proponho que você inclua essa realidade em seu planejamento.

Todo exercício de pensar no futuro visando estruturar um plano profissional significa apenas uma parcela do seu planejamento de carreira, pois será algo completamente estático e etéreo. Poucas pessoas conseguem unir a parte estática de um plano à parte dinâmica da vida real. Muitos podem dizer que voltar para a prancheta e revisar o que fora pensado é a maneira mais coerente de corrigir rotas, mas essa visão corresponde a um processo *a posteriori*, ou seja, reativo em relação ao que a realidade apresentou a você e que o fez mudar de estratégia.

Particularmente, gosto bastante de usar uma analogia chamada "alerta do rádio" para explicar como deveríamos cuidar de nossos planos na prática:

Imagine-se dirigindo em uma estrada rumo a um destino. Ao longo do percurso, você liga o rádio para se distrair diante da monotonia da rodovia. Na primeira estação, está tocando uma música de que você gosta. Você pensa que, se outras músicas como aquela continuassem tocando, nada mudaria o seu humor — aliás, ela lhe daria forças para dirigir até mais tempo do que seria necessário para chegar ao seu destino. Entusiasmado por alguns minutos, a estação é mantida, até que outra música que você adora acaba e dá lugar a uma nova, que não lhe agrada. Logo, seus dedos levam a uma nova frequência. No novo canal, ouve uma notícia sobre a situação da rodovia, alertando que existe um fechamento de um determinado pedaço mais adiante. Se você não tivesse ouvido essa informação, a interrupção na estrada o faria perder algumas horas, pois teria que retornar até o último desvio possível, mas, por sorte, essa alternativa ainda está a poucos quilômetros de onde você se encontra. Você toma o desvio no momento certo, evitando ser surpreendido pelo fechamento quando estivesse à sua frente.

Utilizando essa pequena história, identificaremos cada entidade contida nela, traçando um paralelo com nossa realidade:

- **O destino:** Seu objetivo profissional. Algo que você almeja e busca. Pode ser um novo cargo, independência financeira ou qualquer outro.

- **A estrada:** Seu plano inicial para chegar ao destino; representa a parte estática do seu possível caminho para alcançar o objetivo. Estar percorrendo a estrada significa colocar em prática o movimento de percorrer tal caminho.

- **A estação de rádio com a música boa:** O *status quo*. Estar sob o conforto de saber que o objetivo está sendo perseguido da melhor maneira, sem grandes problemas no caminho.

- **A estação de rádio com a notícia da interrupção na estrada:** Um alerta que o ajudou a compreender os impactos que teria caso se mantivesse na rota traçada inicialmente.

- **O desvio:** A mudança de rota não planejada, mas que acaba sendo muito mais barata ao ser tomada, pelo fato de ela ainda estar adiante na rodovia.

- **O ato de trocar de estação:** O gatilho para ouvir o novo, absorver mais informação sobre suas rotas e as possíveis variações que podem acontecer durante a prática.

Essa história parece bastante trivial no ambiente do trabalho, mas sabemos que acionar o gatilho no momento mais oportuno é uma tarefa que exige perspicácia. Isso não quer dizer que devemos perder uma oportunidade ou tornar nossa rota mais tortuosa, perdendo tempo para alcançar nossos objetivos. Muito pelo contrário!

Aquele tipo de frase dos gurus, "Pare de levar a vida no automático", pode até ser um estímulo para alguns profissionais que vivem na inércia em um processo sem ascensão de carreira, pois eles compreenderem que é preciso se mexer e colocar a mão na massa quando se quer algo diferente para si.

Mas muitos acabam voltando ao "automático" ao sistematizar demais o processo de correção de rota, tentando transformar suas vidas laborais em um GPS perfeito, que pode prever aumento de tráfego ou interrupções na estrada, sempre com o intuito de apresentar o caminho mais curto e rápido para chegar ao seu objetivo, simplesmente desconsiderando a beleza de se apreciar uma música durante a jornada!

Ao trazermos a dimensão de Trajetória de Vida para o seu planejamento de rotas, veremos que nem sempre pegar atalhos e desvios fará sentido.

Em capítulos anteriores, contei um pouco sobre mudanças de rota pelas quais passei na minha vida profissional, mas não me aprofundei nos gatilhos que me levaram a elas. A ideia aqui é traçar um paralelo sobre como esses gatilhos podem mudar completamente sua visão de mundo e como suas prioridades podem ser completamente reordenadas com o tempo.

Um desses gatilhos aconteceu em uma manhã de domingo, em janeiro de 2014. Acordei com o telefone tocando, e um grande amigo estava do outro lado da linha, com a voz embargada. Entre soluços e paradas para respirar, ele contava que uma colega de trabalho havia falecido naquela madrugada.

Não era simplesmente uma colega, era uma amiga que havia me ensinado tudo sobre o setor de educação. Uma pessoa extraordinária que me introduziu a um dos ramos mais bonitos em que uma empresa pode atuar, como o da saúde.

Ao lado da Elsni de Souza, passei quase uma década construindo um belo trabalho, e tive o privilégio de ser par e, depois de algum tempo, me tornar seu líder direto. Sua história de vida foi e sempre será um exemplo para quem teve o prazer de conhecê-la. Ela começou a trabalhar muito jovem, e seu primeiro emprego em uma universidade que nascia em Cuiabá, Mato Grosso, também foi o seu último. Foram mais de vinte anos de dedicação em uma vida completa de desafios, que culminou em uma carreira ascendente reconhecidamente brilhante.

Elsni tinha zelo, dedicação e paixão pelo que fazia. Uma paixão que a fez muitas vezes deixar de lado sua vida particular para servir a um propósito maior, o de transformar seu país pela educação, uma frase contida na missão da companhia onde trabalhamos juntos.

Não acredito muito em destino ou coisas do tipo, mas ela parecia saber o que estava por vir. Em seus últimos meses, estava mais relaxada, buscando sua felicidade em outras áreas de sua vida, e não apenas na profissional. Vivia sob uma plenitude a qual eu nunca havia visto em seus olhos.

E então, como sempre acontece, sem chance de despedidas, ela partiu. Deixou planos interrompidos, mas, sem dúvida alguma, semeou diversos sonhos em seus amigos e colegas, inclusive em mim. Em momentos difíceis como esse, é comum que as pessoas comecem a refletir sobre a vida e o que estão fazendo dela, e comigo não foi diferente.

Minha formação pessoal foi baseada em valores de uma época diferente desta de hoje. Sob a ótica dos meus pais, tive a oportunidade de moldar um caminho importante para dar um pontapé consciente em minha carreira, com ética e na busca por uma vida melhor. Mas até aquele domingo, eu levei essa busca incessante a uma agressiva forma de almejar coisas, ligando equivocadamente a ascensão ao enriquecimento. Já falei aqui que não devemos demonizar o dinheiro, mas a grande questão é que a perda de uma pessoa querida que me inspirava me mostrou, de uma maneira trágica, que o peso que eu dava para cada coisa estava errado.

Até aquele momento, vivi uma ininterrupta experiência laboral. Trabalhei pelo menos dez horas por dia durante nove anos, limitando meus momentos de lazer a feriados prolongados e férias reduzidas. E aqui abro um parêntese de que esse "esforço" era algo MEU e que eu achava que apenas assim cresceria. Todo esse tempo me permitiu ganhar segurança e conforto financeiro, mas ao preço de perder datas importantes em família e até deixar em segundo plano meu próprio casamento.

Não, não me arrependo das decisões que tomei, também pouco mudei de vida com esse fato. O falecimento da Elsni não me fez mudar tudo de uma hora para a outra, e sim foi um gatilho para voltar a ter reflexões conscientes sobre a minha vida, que há muito tempo eu estava levando no automático, com metas cartesianas demais.

Ela me ajudou a sair da cegueira da insaciabilidade, que nada mais é que um poço sem fundo de quem usa esse *driver* como sucesso profissional.

O ponto fundamental dessa importante experiência para mim foi a inclusão do fator **Equilíbrio** no meu vocabulário. Então, uma pergunta ficou me rodeando por meses desde a partida dela: *"Se você ocupa todo o seu tempo para acumular, quando você terá a oportunidade de desfrutar de suas conquistas?"*

Se as grandes metas materiais que existiam até ali já haviam sido conquistadas, então por que eu ainda trabalhava naquele *modus operandi*?

Eu sei que soa clichê, e de fato é! Mas de alguma forma, aquelas indagações começaram a interferir em minhas decisões e meus planos de carreira, afinal, já havia perdido o momento correto de ter mudado meu estilo de vida para um estágio mais "equilibrado".

Agora, toda ação seria executada com um novo cenário de possibilidades, no qual eu testaria mentalmente como aquilo poderia beneficiar (ou não prejudicar) não apenas minha conta bancária, mas também outras áreas pessoais que foram jogadas para escanteio até então.

Assim, aconteceu meu despertar sobre a importância de ter um balanceamento de atitudes para manter a mente e o corpo sãos, enquanto correria atrás de meus objetivos, sem deixar minha **trajetória de vida** de lado.

A importância do Equilíbrio em sua Trajetória de Vida

Se buscarmos no dicionário o significado da palavra "equilíbrio", encontraremos alguma explicação da física, como esta: *condição de um sistema em que as forças que sobre ele atuam se compensam, anulando-se mutuamente.*

O equilíbrio, portanto, não se dá simplesmente pela equalização linear e igualitária de esforços, e sim pela compensação que você dá para anular seus débitos com sua própria vida.

É natural que, no começo de um novo desafio profissional ou em estágios iniciais da construção de carreira, você invista mais energia em seu trabalho, dedicando menos tempo para diversão, por exemplo. Mesmo assim, seu sistema está regulado para aquele momento de vida em que o equilíbrio se dá por uma equação que não é 50% (trabalho) e 50% (diversão), mas talvez 90% (trabalho) e 10% (diversão).

Porém, quando nossa Trajetória de Vida muda, como ao casar ou ter um filho, para se obter equilíbrio, a proporção dada a cada esforço deve ser revista. Nesse caso, a equação equilibrada pode ser algo como 50% (trabalho) e 50% (família). Agora, se você já tiver conquistado um patamar financeiro que julga confortável, talvez isso mude ainda mais para 40% (trabalho) e 60% (família).

Esses exemplos servem para demonstrar que não devemos seguir receitas de bolo ou simplesmente copiar práticas sem ajustá-las ao momento e a valores específicos, e principalmente à sua mudança de visão de mundo.

E para termos o equilíbrio variável e adaptável necessário a cada fase de nossa caminhada, cunhei um termo pegando emprestado como referência um acrônimo muito utilizado no mundo de hoje: o MVP — Produto Mínimo Viável (traduzido do inglês) se transformou aqui em MVP — Mínimo de Vida Plausível, ou seja, qual é a dosagem correta para você viver minimamente em harmonia com todas as esferas da sua vida em um determinado período da sua jornada.

Trabalhando a Trajetória de Vida como um ativo em seu plano de carreira

Se o que falamos até aqui corresponde a como criar e pilotar um plano de carreira, observando fatos e dados de fora para dentro, a Trajetória de Vida corresponde ao painel de controle para ajustar suas rotas de dentro para fora, enquanto seu plano é executado.

Você pode tentar prever fatos externos para construir seu plano, e pode ajustá-lo quando algo de errado acontece ou um risco se concretiza ao longo do percurso; mas, mesmo assim, essa visão acaba sendo muito superficial e pragmática se você desconsiderar o que sente e o pelo que está passando atualmente.

Trazer elementos particulares, referentes às suas escolhas enquanto indivíduo, aproxima ainda mais seu plano de carreira do que acontece na vida real.

A dimensão Trajetória de Vida tenta aproximar esses dois mundos: (1) sua visão externa ao (2) sentimento intrínseco sobre o que é Equilíbrio em um momento específico de sua vida, em vez de simplesmente ignorá-lo.

Não é viável transformar sentimentos e pensamentos subjetivos em números, mas se extrairmos um pouco do que passa em nossa cabeça de maneira minimamente organizada, talvez consigamos criar um pequeno exercício que sirva de teste para verificar se estamos ou não no caminho certo ao buscar uma vida mais equilibrada.

Sendo simples no exercício, mas não simplista na reflexão, construiremos seu Plano de Carreira por meio de um Mapa Estratégico, que será apresentado na próxima parte deste livro, e assim, desenharemos um cenário pessoal que compense as ações profissionais que projetaremos lá.

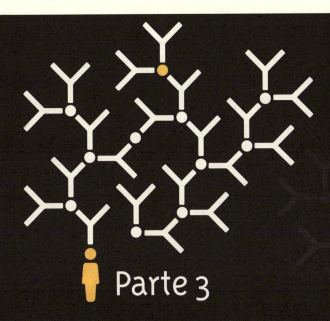

Iniciando Seu Ciclo: Construindo uma Carreira Exponencial

15

O famoso Propósito de Vida e as diversas transições de carreira

> "Uma vida com propósito é aquela em que eu entenda as razões pelas quais faço o que faço e pelas quais deixo de fazer."
>
> **— Mario Sergio Cortella**

Provavelmente você já perdeu a paciência com publicações que falam sobre "propósito". Essa palavrinha foi completamente banalizada, e, mesmo sendo um assunto extremamente profundo e delicado, muita distorção foi cultivada nos últimos tempos. Por isso achei relevante recolocá-lo no devido lugar, tratando o assunto de forma objetiva e séria, pois estamos falando do seu futuro.

Tentando deixar de lado as diversas teorias sobre a busca de um significado de vida, decidi utilizar o conceito de propósito para focar o sentido que damos às nossas carreiras, sem romantizações, afinal, não existe barco sem leme.

Todos nós passamos ou passaremos por reflexões sobre nossa vida pessoal e profissional. É inevitável que um dia a indagação de estarmos fazendo o certo ou o errado aflore e traga consigo uma série inesgotável de medos, dúvidas e angústias.

Amar o que fazemos talvez não seja suficiente para estarmos plenamente felizes em nossos empregos ou em nossos negócios. Como trouxe à tona o professor Mario Sergio Cortella em seu livro *Por que Fazemos o que Fazemos?*, uma hora precisaremos ter um diálogo interno para identificar se esse incômodo está acontecendo conosco.

De forma bastante sóbria, ele dá um tapa em nossa racionalidade ao apresentar profundamente a questão. Encarar que nem sempre somos capazes de reconhecer quando existe algo de errado em nossas relações profissionais é o primeiro passo a ser dado rumo à reflexão sobre sua vida laboral.

O medo de perder o emprego talvez seja o principal motivo para nos distanciar de indagações como essa. É natural vivermos isso no início de carreira, no momento de aceitação e reconhecimento do mercado sobre quem somos e para o que viemos ao mundo corporativo. Mas, tentando criar uma analogia, isso é igual ao casamento: quando a paixão esfria um pouco, o amor entra em cena e precisa imperar para manter a relação duradoura. Se o amor está balançado, as partes estarão infelizes, e uma decisão deve ser tomada.

Não simplificarei aqui todas as nuances e motivações para uma relação duradoura com uma empresa, mas gostaria de focar o amor que sentimos pelo que fazemos e a nossa relação com o ambiente de trabalho. Essas duas coisas são completamente diferentes, mas igualmente importantes. Quando ambas estão em harmonia, vivemos apaixonados; quando uma delas não vai bem, pode ser um daqueles momentos em que a paixão esfria e é preciso se apegar a algo muito mais substancial e profundo para não querer simplesmente desistir da relação.

Valores formam o elo entre o amor ao que você faz e em que se acredita e os ideais que a empresa compartilha com você. Naturalmente, esses sentimentos devem ser semelhantes aos que você sente e prega, para se apaixonarem um pelo outro.

Ambientes de trabalho nem sempre são legais o tempo todo, afinal, existem altos e baixos em qualquer empresa, seja devido a grupos de pessoas pessimistas ao redor, ao mercado, a crises, a angústia do futuro, e assim por diante. Mas é nesses momentos que você precisa de um elo mais forte para ajudá-lo a superar tudo isso.

Enquanto os valores forem os mesmos entre o profissional e o ambiente, ambas as partes estarão engajadas em continuar juntas e elevando a relação para algo maior: **propósito**!

Mas quando essa mágica não acontece ou ela deixa de existir e o amor está balançado, provavelmente os valores da empresa ou os seus próprios podem ter mudado. E tudo bem! Pessoas e empresas são feitas de ciclos e é normal passarem por mudanças. Quando isso ocorre, reflexões precisam ser feitas e devem ganhar espaço, tanto para você quanto para a empresa. Apesar de dolorido, não será por esse motivo que você deixará de amar o que faz, mas talvez chegue à conclusão de que buscar um novo ambiente de trabalho seja uma boa decisão.

Abstraindo a relação de propósito ao vínculo empregatício, como fiz no exemplo anterior, a melhor conclusão que tive sobre o assunto gira em torno de três aspectos fundamentais da condição humana: (1) sentir-se útil; (2) fazer algo que faz sentido; e, por fim, (3) fazer sentido naquele momento de vida, ou seja, aplicar o conceito de MVP — Mínimo de Vida Plausível.

O aprendizado mais importante sobre a identificação de um propósito profissional nesta reflexão é que o terceiro aspecto, relacionado à questão temporal de sua jornada de vida profissional, pode ser o fator de mudança em sua consciência e maturidade ao vivenciar a plenitude desse propósito. Não tem jeito, apenas o tempo e as experiências do dia a dia podem transformar suas convicções ao longo da carreira. O fator temporal é quase sempre deixado de lado, infelizmente.

Transição de carreira é normal, e não, você não desperdiçou seu tempo.

Antes de mais nada, eu queria dizer para você que pensa em passar por uma transição de carreira que está tudo bem e que você não enlouqueceu só porque quer mudar sua vida.

Se a minha geração ainda foi moldada para trabalhar na mesma empresa a vida inteira, a cada dia vejo mais e mais pessoas mudando completamente de carreira ou, pelo menos, mudando de área de atuação dentro da sua profissão.

E se há um sentimento em comum entre essas pessoas, esse sentimento é o medo. Medo de arriscar, medo de trocar o certo pelo duvidoso ou ainda medo de ter perdido tempo ao ter se dedicado anos a fio àquela primeira profissão.

Sentir medo do novo é absolutamente normal, mas JAMAIS sinta que desperdiçou seu tempo! Pense aqui comigo: você só chegou a essa nova profissão, só tem os pensamentos, a maturidade e o conhecimento de hoje, graças a tudo que passou anteriormente. Por mais simplista que possa parecer, a verdade é essa.

Minha esposa é um exemplo disso. A Iara é jornalista e trabalhou por anos em emissoras afiliadas da Rede Globo e abraçou a oportunidade de unir o útil ao agradável.

Ela é tão apaixonada por viagens quanto eu e criou um blog, o Viajando Aprendi, como passatempo, e de repente viu a brincadeira render propostas e virar trabalho sério. Ela não saiu da profissão, e sim mudou completamente sua área de atuação: deixou a redação onde respirava *hard news* para trabalhar como freelancer, produzindo conteúdo sobre turismo para os mais diversos meios.

Assim como todo mundo, ela sentiu medo de sair de seu campo de domínio, mas hoje sabe que valeu a pena. E, fora a minha esposa, eu poderia contar mais mil exemplos de advogados, administradores, enfermeiros etc. que optaram pela transição de carreira.

Se você quer, mas ainda não se sente seguro, seja parcialmente, completamente ou de forma temporária, preste atenção nas dicas a seguir.

1. **Motivação:** Por qual motivo você deseja sair da área em que está? Faça uma reflexão profunda e analise o que o move, seja insatisfação, oportunidade, chamado ou propósito de vida.

2. **Planejar o movimento:** A transição de carreira pode levar tempo e, por isso, requer planejamento. A não ser que a oportunidade esteja batendo à sua porta, você deve sentar com calma e pensar em todo o processo que envolverá essa mudança de vida. Mais adiante veremos em detalhes como construir um planejamento que faça sentido para sua transição.

3. **Ser realista:** Nunca é tarde para buscar a felicidade, então não importa se você atua há décadas ou se está prestes a se aposentar. Mas uma dose de realidade é sempre necessária, por isso indico que converse

com amigos, familiares e, se possível, com profissionais da área. Quem sabe um estágio voluntário por um curto período não o ajuda a bater o martelo?

Portanto, não podemos dizer, como muitos falam por aí, que seremos plenos para sempre após encontrarmos nosso propósito. Ele pode ser tão volátil quanto a vida. Acredito que a maior frustração de um ser humano é a de tentar projetar a felicidade em futuro distante, em vez de vivenciar plenamente o presente.

16

As tão desejadas habilidades comportamentais (soft skills)

> "É impossível derrotar quem nunca desiste. Se você quer ser bem-sucedido na vida profissional, seja obstinado e aprenda rápido."
>
> **– Guilherme Benchimol**

Você já deve ter escutado a seguinte frase: "Empresas contratam por competências técnicas e demitem pelas comportamentais." Esse padrão, bastante comum até os dias de hoje, demonstra uma importante dicotomia entre o que as áreas de recursos humanos prezam em um processo seletivo e no que o mercado de talentos vem se transformando.

Isso fica ainda mais evidente com os dados de uma pesquisa realizada em 2017 pela Capgemini Digital Transformations Institute. Eles demonstram a escassez de habilidades sociais, ou seja, as famosas *soft skills* (termo em inglês criado para identificar as habilidades emocionais e interpessoais no mundo corporativo) nos ambientes corporativos, e como essa ausência impacta diretamente a produtividade e o clima organizacional.

Já as chamadas competências técnicas, ou *hard skills*, passam a partir de agora a ser vistas como um alicerce, e não mais como fator determinante para a permanência de um profissional em determinada atividade.

Um exemplo claro dessa inversão de relevâncias pode ser visto na ascensão em carreiras tradicionais nas empresas: sabe aquela sensação de frustração que alguns colegas de trabalho têm quando alguém é lançado a um cargo maior e eles acabam ficando desmotivados, pois acreditavam que tinham mais capacidade do que quem subiu?

Essa frustração muitas vezes está pautada apenas na comparação de habilidades técnicas, excluindo da análise as habilidades sociais de quem ascendeu, parecendo que a escolha foi injusta. Porém, muitas vezes, a decisão da empresa é acertada, pois evita aquela situação que citei anteriormente, do início da minha carreira, em que um técnico sem as devidas capacidades foi "presenteado" pelo diretor com uma posição de liderança e acabou prejudicando todo o desempenho da equipe. É por isso que bato sempre na tecla da Inteligência Emocional, pois ela é tão importante quanto o conhecimento técnico.

Voltando à pesquisa, colaboração, paixão por aprender, boa comunicação e flexibilidade foram algumas das competências listadas como as mais relevantes para se manter um contexto laboral saudável e próspero nas empresas. Por isso, começaram a ser mais valorizadas no momento da contratação e, por consequência, também serão consideradas em um processo vertical de crescimento.

Diante dessa comprovação da importância das habilidades sociais, muitas empresas estão moldando, mesmo que tardiamente, seus processos de recrutamento e seleção, passando a concorrer por talentos que estão cada vez mais livres para tomarem suas escolhas. Isso quer dizer que, quanto mais soft skills você domina, mais oportunidades e opções terá em sua vida laboral, independentemente se seu objetivo for ascensão vertical em uma empresa ou em outro modelo de carreira.

E quais estratégias as empresas estão usando para atrair talentos com tais habilidades?

Para o executivo premiado Marcelo Nóbrega, autor do livro *Você Está Contratado!* e que atua hoje como conselheiro em diversas empresas relacionadas à RH, o segredo está no *employer branding*, ou marca empregadora, quando uma empresa se torna preferencial no desejo das pessoas em se associarem a ela:

> *Cada empresa tem o seu próprio DNA e deve contratar e promover gente que dê match com esse DNA. No caso das startups, elas precisam se destacar para atrair bons profissionais. Afinal, elas não têm uma história, resultados financeiros, reputação, escritórios sofisticados, marca conhecida, carteira de clientes, aparições na mídia, equipe de liderança de renome, grana para pagar sa-*

lários agressivos ou oferecer um plano de benefícios minimamente competitivo. Muitas vezes, sequer ainda têm um produto! De maneira muito objetiva, uma startup é apenas uma promessa. Diante desse quadro, como atrair talentos?

Como diz o ditado: quem não tem cão caça com gato.

Empreendedores costumam ter uma visão engajadora e muita energia realizadora. E, normalmente, vislumbraram uma oportunidade de negócios que pode transformar uma indústria ou explorar uma oportunidade, negligenciada até aquele momento. Dessa forma, criam um senso de propósito. São pontos que atraem para uma conversa. Ainda no campo abstrato, as startups permitem que as equipes compartilhem da sua promessa. Caso a empresa cresça, todos terão a sua parte no sucesso. Assim, ganharam nova força alguns modelos de incentivos de longo prazo.

Diante da ameaça de negócios e a competição por talentos que as startups representam, grandes empresas foram à luta. Muitas aderiram aos conceitos de Open Innovation, mudaram a arquitetura de seus escritórios, flexibilizaram o dress code e criaram políticas de home office. Tudo muito bonito no discurso, mas pouco inovador na prática. Porque grandes empresas estão ancoradas no status quo. Tudo o que as grandes empresas têm feito, na verdade, é perfumaria. Para mudar de verdade, tem que mudar o mindset e rever relações, feedback, cooperação, empatia. Não adianta tentar vender para fora o que não se vive nos corredores da empresa.

Não é necessariamente verdade que as grandes empresas precisem se parecer com as startups. Há lugar para todo tipo de organização. O importante é alinhar estratégia, cultura, pessoas e processos. Caso contrário, seja grande ou startup, vai patinar.

17

Entendendo o novo momento das empresas para saber o real impacto em sua carreira

> "Os maiores inimigos do crescimento profissional são a falta de motivação e o comodismo. É quando a pessoa não sabe aonde quer chegar e se contenta em ficar onde está."
>
> — **Susanne Diniz**

Durante a preparação para o meu primeiro vestibular, meu pai sempre dava dicas sobre o mundo profissional. Ele era um *baby boomer* que trilhou exatamente o caminho do tradicionalismo vivido em sua época: teve apenas uma formação acadêmica, ingressou no mercado de trabalho em uma única empresa e permaneceu nela durante 31 anos, até se aposentar.

Ele dizia coisas como "Conhecimento é algo a ser guardado com você. Enquanto você dominar algo que ninguém domina, será insubstituível", ou ainda "A melhor segurança possível para sua carreira é ser CLT". Apesar das boas intenções, sua experiência profissional foi totalmente baseada em um momento mais linear da história do trabalho.

Hoje, é insano imaginar que reter conhecimento seja um diferencial, afinal, a massificação do acesso a todo tipo de informação nivelou a possibilidade de encontrar algo ou alguém que domine determinado assunto. Já em relação à estabilidade de um emprego formal, as leis trabalhistas vêm sendo alteradas para este novo momento, e a relação com o empregador mudou drasticamente com o surgimento e o encerramento de diversos ramos da economia.

A gestão de uma carreira não está mais pautada no tempo de casa ou nas sucessivas promoções de cargo e salários, como acontecia na época de nossos pais e avós. O mundo dos negócios mudou, e a retenção de talentos agora leva em consideração outros artifícios, entre eles, o mais importante: o engate frequente de novos desafios, evitando que um profissional caia no marasmo operacional. Empresas mais horizontalizadas, por exemplo, descobriram no *job rotation*[1] uma possibilidade de alimentar a necessidade da nova geração de profissionais do século XXI por novos estímulos, e estão saindo na frente daquelas que insistem em ter uma pirâmide organizacional pautada no respeito à hierarquia.

Mas essa busca incessante por desafios é causa ou efeito da transformação geracional que vivenciamos?

Sem dúvida alguma, é um efeito da volatilidade que assolou o mundo com a entrada das novas tecnologias e sua rápida ascensão a partir dos anos 1990. Os jovens profissionais cresceram sob forte influência da Era das Mudanças, tendo a obsolescência como parte de sua rotina. Nunca vimos tanto descarte tecnológico como nos dias de hoje. Tanto hardwares (provavelmente em sua cidade até exista um lixão de eletrônicos, ou melhor, uma cooperativa de reciclagem desses dispositivos) quanto softwares que são esquecidos ou apagados de computadores e smartphones.

Diante desse ambiente de incertezas sobre o futuro, a nova geração aprendeu na prática a se moldar e, principalmente, a se adaptar aos imprevistos de um mundo VUCA.[2]

Para nativos analógicos, como eu, aqueles que nasceram antes da última década do século XX, sobrou assimilar a transformação de outro modo, talvez mais penoso e difícil, já que grande parte de nossos valores já está arraigada e consolidada. A nós, será necessário desconstruir paradigmas, como a longevidade em um cargo ou o tamanho da equipe que lidera como fatores de sucesso. Somente assim estaremos abertos a novos métodos de gestão, entre eles a distribuição do poder e a formação de equipes menores, focadas em solucionar problemas específicos.

---

1 A rotação de emprego é uma prática de gestão de pessoas que visa movimentar, lateral e periodicamente, os colaboradores em suas funções dentro de uma empresa.

2 VUCA é um acrônimo baseado nas teorias de gestão de Warren Bennis e Burt Nanus. Ele traduz quatro características existentes no mundo moderno: volatilidade, incerteza, complexidade e ambiguidade.

Boa parte das empresas já compreendeu que a Era Digital é uma realidade e que traz consigo a mudança nas relações entre empregador e empregado e, principalmente, entre cliente e fornecedor, mudança essa que impactará para sempre seus resultados e sua subsistência.

A cultura de pasteurização e padronização, nascida na Era Industrial, influenciou todos os tipos de negócios nas últimas décadas, inclusive o de serviços. Tal formato cegou as empresas para a individualidade humana, e tais empresas passaram a oferecer cada vez mais entregas "comoditizadas". Agora, essas mesmas companhias estão reconhecendo que o momento é outro e que a vontade de seus clientes é singular e suas necessidades específicas devem ser satisfeitas para que o negócio volte a prosperar, sem perder fatias do mercado que foram conquistadas no passado.

A verdade é que a democratização e, principalmente, o barateamento das tecnologias e dos conhecimentos técnicos geraram uma explosão de novos concorrentes que entraram rápido no mercado e que estão dispostos a oferecer exatamente o que cliente almeja, e com um grande diferencial: sem burocracias. As já famosas startups pressionaram a reinvenção de negócios e colocaram uma faca na garganta dos executivos das grandes corporações, que então se viram obrigados a perseguir uma agenda de inovação que nem sequer era pauta tempos atrás.

Junto dessa nova incumbência, a relação de trabalho também sofreu alterações, que, se antes eram pautadas em requerer dos funcionários cada vez mais EFICIÊNCIA para gerar ganhos incrementais de margem sem mexerem nos processos core[3] da empresa, agora os departamentos de RH e os gestores de áreas operacionais exigem novas habilidades como solução de problemas com criatividade, por exemplo.

É plenamente compreensível a repentina mudança de requisitos para se contratar um novo colaborador, afinal, as empresas se viram perdidas e assustadas com o movimento que aconteceu velozmente (e

---

3 Os processos que fazem parte do core business da empresa, ou seja, o núcleo do negócio.

continua acontecendo). Porém não houve tempo suficiente para que todos os mecanismos de preparação curricular fossem adequados — um exemplo disso são as ementas e os conteúdos das universidades —, gerando um gap entre o que era esperado pelo mercado de trabalho e os indivíduos que saíram das cadeiras escolares.

Essas novas exigências dos empregadores ainda estão sendo assimiladas pelos profissionais, e o tempo para adequação de competências levou a um efeito contraintuitivo, que é visível em nosso país: de um lado, temos uma quantidade considerável de vagas ofertadas não preenchidas; do outro, índices recordes de desemprego.

Outra consequência pode ser observada sob a ótica do caráter geracional que citei anteriormente. Como nos próximos anos boa parte da força trabalhadora e consumidora será formada pelos nativos digitais, vemos um choque cultural importante nessa coexistência de gerações. Líderes com fortes valores hierárquicos arraigados não admitindo que a inovação aconteça por meio dos jovens, gerando um ambiente instável e altamente estressante nas organizações.

Nessa tensa e cada vez mais rotineira relação, a força de trabalho que é formada por diversas camadas geracionais se vê perdida em relação a quais são as novas necessidades empresariais, quais habilidades desenvolver primeiro e onde se encontrarão os diferenciais competitivos ao participar de um processo seletivo.

O que fica claro nessa história toda é que as competências interpessoais continuam sendo um alicerce bastante expressivo na tomada de decisão e nas contratações, principalmente pela exigência de navegar por cenários conflituosos ao longo da jornada de trabalho.

Portanto, independentemente da geração, todo profissional precisará desenvolver suas habilidades emocionais e sociais para manter-se no páreo da disputa por postos de empregos cada vez mais disruptivos. E mesmo após vencida essa etapa da seleção, o colaborador novato será observado com base em alguns comportamentos importantes para uma avaliação mais profunda de sua adaptação à nova cultura.

Eu destaco três comportamentos importantes. São eles:

- **Inteligência social:** "Contrata-se pelas habilidades técnicas e demite-se pelas comportamentais." Se antes esse famoso bordão nas áreas de RH das empresas demonstrava uma dicotomia entre o processo seletivo e a real causa de desligamentos, hoje novas técnicas já ajudam a identificar características sociais e pessoais de candidatos, criando um comparativo entre seus valores e os da empresa. Porém, continuamos assistindo a uma pressão absurda por uma rápida reposição de vagas por parte dos gestores dos negócios, quando nem sempre as boas práticas são utilizadas. E o "teste final" do candidato ocorre no dia a dia, dentro dos tradicionais três meses de experiência. Nesses casos, é preciso foco e atenção na construção das relações do novo membro do time. Assim, todos ganham: a empresa, que evita uma demissão desnecessária, e o novato, que controla a ansiedade em mostrar rapidamente seu trabalho.

- **Flexibilidade:** Muitas empresas apresentam dificuldades ao tentar encarar os desafios do novo mundo. Desvios culturais, como o de "apagar incêndios", são muito presentes nas rotinas que ainda buscam adaptação às necessidades do mercado. Esses desvios ou manobras se espalham em estruturas com pouca ou nenhuma gestão processual, que acabam desistindo de uma organização adequada para lidar com crises, passando a testar estratégias na prática e tomando como verdade que um planejamento mais cuidadoso poderia atrasar ainda mais a resposta ao problema enfrentado. Nessas condições, o novato precisa compreender que, sozinho, não mudará essa característica e precisará demonstrar desenvoltura e flexibilidade para não se prender apenas aos procedimentos descritos em sua job description,[4] e sim compreender o

---

4 Documento contendo a descrição de cargo ou função, que elenca os objetivos, a lista de atividades a serem desempenhadas e as responsabilidades daquela atribuição.

contexto ao redor, entendendo situações de exceção ou urgência e atuando para colaborar com a empresa e seus clientes internos e externos. Essa demonstração de resiliência pode ser vista na companhia como uma competência alinhada aos seus métodos de "desorganização", mas que é importante para a sobrevivência inicial na estrutura.

- **Criatividade:** Ao contratar profissionais vindos do mercado, da concorrência ou de um segmento com características mais inovadoras, as empresas acabam criando expectativas sobre uma possível oxigenação de pensamentos. Acompanhar as mudanças de mercado e ter a abertura para trazer ideias inovadoras passou a ser um ótimo comportamento proativo que a maioria das empresas que vivem o desafio de se reinventar deseja.

Apesar de serem habilidades primordiais para sobreviver no mercado de trabalho do século XXI, não são suficientes para garantir sua ascensão profissional — é preciso planejamento e uma boa avaliação para seu próprio autoconhecimento. O esforço para se manter ativo não pode ser confundindo com a construção de uma carreira sólida e vencedora, e será exatamente a esse ponto que dedicaremos nossas atenções a partir dos próximos capítulos.

18

Conhecendo o ambiente corporativo e suas armadilhas

"Coisas incríveis no mundo dos negócios nunca são feitas por uma única pessoa, e sim por uma equipe."

– Steve Jobs

Já percebeu que pessoas que trabalham muito tempo em um mesmo ambiente profissional costumam ter discursos e comportamentos muito parecidos? Além do convívio diário, essa convergência de ideias e postura nasce do compartilhamento de uma mesma experiência cultural.

Não sabemos como será o mundo pós-pandemia, mas até agora, a maioria das empresas, sejam elas com fins lucrativos ou não, pequenas ou multinacionais, ainda tem estruturas físicas disponíveis a seus colaboradores. Departamentos, unidades de negócio, cozinhas, almoxarifados e outros ambientes formam espaços comuns de convívio. Apesar dessas características palpáveis, os ambientes corporativos têm um espírito próprio: um funcionamento intangível gerado por um ciclo de atividades, conversas, reuniões e contato entre os entes internos (funcionários) e os externos (clientes, fornecedores, acionistas etc.), exatamente como um organismo vivo.

A essa "alma" corporativa é dado o nome de cultura organizacional. Esse termo foi amplamente difundido pelo especialista Edgar Schein em seu livro publicado originalmente em 1982, *Organizational Culture and Leadership* ("Cultura Organizacional e Liderança", em tradução livre), e nos remete ao comportamento coletivo intangível, mas cuja existência é reconhecida por todos.

Ao abordarmos o tema carreira, a cultura organizacional é a primeira e fundamental lição a ser aprendida, assimilada e vivenciada por um profissional que busca seu espaço em uma corporação. Nenhuma habilidade técnica, por mais importante que seja, sustentará uma ascensão que não tenha um alicerce cultural. O profissional com excelência operacional, mas com problemas políticos, de relacionamento ou de comunicação, tende a fracassar na construção de sua marca pessoal dentro de uma organização, independentemente do seu tamanho.

As soft skills serão cada vez mais importantes para consolidar uma carreira assertiva sob a ótica do empregador, gerando efetivamente benefícios às empresas, pois transmitem segurança, desenvoltura e preparação, agregadas a uma postura focada em resolução de problemas e no *status quo* ambiental. Logo, podemos concluir que a utilização sistemática dessas habilidades, por parte da liderança e dos liderados, forma a força motriz para implantar, melhorar e até curar culturas organizacionais doentes. Elas são o combustível correto para a engrenagem cultural funcionar, já que representam a ação que muda costumes, crenças e até valores já impregnados na consciência das diversas áreas de uma companhia, e é por isso que elas ganham cada vez mais destaque em processos seletivos.

Profissionais articulados e comunicativos não saem na frente de outros concorrentes a vagas de emprego apenas por terem melhor desenvoltura em entrevistas, mas por terem perspicácia ao entender o funcionamento cultural do local. Ao assimilar rápido os caminhos para lidar internamente com pares, gestores e equipe, esses profissionais extraem com eficiência os melhores resultados operacionais.

Em ambientes mais hostis, nos quais a política e a disputa de poder são afloradas como um pilar cultural, os colaboradores que navegam bem nas estruturas hierárquicas tendem a obter melhores resultados, em comparação com aqueles que apenas focam desenvolver suas atividades operacionais e técnicas.

Muitos podem rotular profissionais com boa capacidade de articulação como "interesseiros" ou "puxa-sacos", porém a virtude está justamente em compreender o ambiente e aplicar da melhor maneira a inteligência social. Esse conceito foi criado pelo psicólogo norte-americano Daniel Goleman, em seu livro *Inteligência Emocional: A Teoria Revolucionária que Redefine o que É Ser Inteligente*, e foca o equilíbrio emocional do indivíduo que domina a capacidade de controlar seus impulsos, canalizando emoções de forma adequada, o que lhe permite melhorar sua comunicação e lhe fornece o poder de encorajar os demais.

Segundo Goleman, o indivíduo que reúne cinco habilidades específicas — (1) autoconhecimento; (2) controle emocional; (3) automotivação; (4) empatia; (5) facilidade em desenvolver relacionamentos interpessoais — tem uma inteligência emocional elevada e, consequentemente, estará mais bem preparado para gerenciar seus próprios sentimentos em situações desgastantes comuns do ambiente laboral.

Considerando, então, a inteligência emocional como o alicerce para qualquer profissional, independentemente de sua formação técnica, ela se torna o pré-requisito mais básico e indispensável para a construção de uma carreira sólida e perene.

19

Iniciando um ciclo profissional vitorioso

"Existe um momento na vida de cada pessoa que é possível sonhar e realizar nossos sonhos... e esse momento tão fugaz chama-se presente e tem a duração do tempo que passa."

– Mario Quintana

Nos últimos anos, tivemos uma queda vertiginosa na criação de empregos, logo também houve o aumento de profissionais altamente capacitados buscando oportunidades no mercado de trabalho. Enquanto as filas de desempregados cresciam a cada dia, consequência de uma crise sem precedentes, os que venceram a maratona de entrevistas e testes perceberam que o desafio para construir uma carreira sólida pautada em entregas e menos focada em cargos estava apenas começando.

Segundo Taís Targa, fundadora da TTarga Carreira e Recolocação, as áreas de Recrutamento e Seleção estão passando por uma profunda transformação, migrando seus processos tradicionais de entrevistas, geralmente pautadas em habilidades técnicas, para um modelo que garanta uma validação mais abrangente de perfil. Isso quer dizer que, além do seu currículo, suas habilidades sociais e comportamentais (soft skills) também estão sendo levadas em conta.

Algumas empresas estão desapegando da exigência de diplomas, e muitas já não pedem uma graduação como pré-requisito (a não ser, claro, para áreas obrigatórias). Além disso, cada candidato passa a ser analisado por inteiro, e não há uma separação de quem ele é na vida profissional e na vida pessoal. Isso se chama *fit* cultural, que nada mais é do que a congruência de valores e objetivos pessoais com os empresariais. Hoje, quando um profissional está sendo avaliado, o recrutador quer saber quem é aquele ser humano que está sentado à sua frente, quais são os seus valores, pensamentos e potenciais. Iniciar (ou reiniciar) uma jornada profissional ao longo da vida requer coragem para aprender, experimentar novos ares, mas principalmente estar aberto à mudança. O primeiro dia de trabalho pode se tornar extremamente estressante caso o colaborador não tenha se preparado para ele.

Assim, vencida a barreira do desemprego, é preciso utilizar o melhor arsenal possível para sobreviver à primeira impressão ao chegar a um novo ambiente de trabalho:

➜ Conhecer a cultura organizacional:

Mesmo com o apoio do RH na introdução de um novo profissional no ambiente de trabalho, cabe a ele descobrir e se inserir diariamente no contexto da nova organização. Em culturas mais conservadoras, por exemplo, a tentativa de resolver problemas procurando pessoas fora de sua hierarquia (por maior que seja a boa vontade do novato) pode ser visto como desrespeito. Já em organizações liberais e meritocráticas, ficar esperando uma solução de seu superior pode lhe render uma imagem de passividade indesejada.

É importante aprender na prática a cultura e os valores do seu novo trabalho. São meandros aprendidos apenas observando as relações de profissionais com mais tempo de casa, entrando em reuniões importantes e principalmente nos corredores e cafezinhos — sim, eles são seus aliados na compreensão de como as coisas funcionam!

➜ Mapear as redes políticas:

Ao se embrenhar na cultura da nova organização, círculos políticos e de poder começam a ficar mais claros para o novo colaborador. Entender disputas, jogos de egos e tentativas de escalada profissional são uma carta na manga para saber como se relacionar com cada colega.

O conceito de "fazer política" é pejorativo no Brasil, mas a verdade é que não basta desenvolver um bom trabalho, afinal, organizações são feitas de pessoas e relacionamentos. Dê o nome que quiser, pode até ser network, mas tenha consciência de que ninguém trabalha sozinho; portanto, para compreender como as relações são construídas e mantidas, saiba exatamente como lidar com cada perfil de pessoa que tem poderes na organização. Esse pode ser um diferencial para navegar bem em todas as áreas e em todo os setores.

→ Sua primeira entrega é MUITO importante:

Se nos dois primeiros tópicos cito como é importante a vivência política dentro da nova empresa, obviamente desenvolver um bom trabalho é requisito mínimo. Porém, a primeira entrega pode delimitar a impressão que o novato deixará para seu novo superior e, principalmente, para seus pares e clientes. Entregar o primeiro projeto, relatório ou meta será determinante para a criação de um rótulo positivo.

Tão importante quanto entregar é criar o espaço necessário para apresentá-lo à empresa. Não permitir que alguém domine a apresentação dos resultados é crucial nesse momento de ingresso em um novo desafio, pois evitará que os louros do trabalho sejam creditados a outra pessoa, ofuscando a participação do novato. Evidentemente, dentro de um contexto maior, que envolva pares e outras áreas, é de extrema importância que se tenha a capacidade de valorizar a participação de todos, agradecendo e reconhecendo a importância de cada um naquele entregável; mesmo assim, conduzir isso é uma oportunidade relevante.

→ Estudar os números da empresa:

Muitos profissionais que ingressam em um novo desafio preferem dedicar seu tempo nos primeiros dias de trabalho apenas a desenvolver suas atividades operacionais. Ainda desconfortáveis com o ambiente, acham que menos é mais e acabam fazendo o arroz com feijão, sem se arriscarem.

Essa estratégia é extremamente coerente e inteligente em empresas conservadoras, mas nunca é demais se preparar para perguntas mais amplas que podem aparecer em reuniões de trabalho. Afinal, isso também pode ser um teste!

Conhecer os números da empresa, principalmente aqueles que estão nas pautas dos executivos do alto escalão, pode dar a oportunidade de surpreender e causar boa impressão, demonstrando desejo de contribuir com a empresa de maneira geral, e não apenas no cargo conquistado.

→ Colocar-se à disposição para participar de reuniões estratégicas:

Muita gente foge de reuniões com o board executivo da empresa como o diabo foge da cruz. O medo da exposição é o principal fator pelo qual as pessoas deixam essa grande oportunidade de lado.

Esse momento é crucial para entender como os relacionamentos na alta gestão funcionam e principalmente para mapear como os executivos gostam de ver apresentações, quais perguntas fazem e como buscam sugestões de melhorias.

Não sugiro, tampouco recomendo, tentar demarcar território ou se vender. Observar é o segredo desses encontros iniciais. Mas na sequência, estudando muito bem a pauta e se preparando, é possível contribuir de verdade.

20

Mapeando a Cultura da Empresa: Jogos políticos e o poder nas organizações

> "A cultura come a estratégia no café da manhã."
> — Peter Drucker

O termo "política" em si vem da Grécia e correspondia a todas as atividades e procedimentos relativos à vida na *Pólis*. Foi, então, elevado ao que compreendemos como a ciência de administrar e organizar Estados e nações.

Observando a política como uma atividade, ela está intimamente ligada ao poder. Esse poder nada mais é do que a força exercida por um homem sobre outro. O poder político tem diversas concepções teóricas que não explorarei aqui, mas que fundamentam o que é exercido hoje.

Apesar de seu nascimento estar relacionado à gestão social, a política pode ser plenamente aplicada ao mundo dos negócios. As políticas empresariais, aquelas que conhecemos por estabelecerem normas e padrões que devem ser seguidos por todos os colaboradores da companhia, integram um processo de organização interna. Mas não é isso que define a real "política", que acontece na prática em um ambiente de trabalho.

Toda interação vivida e experimentada dentro de uma empresa tem política abarcada. As relações, em sua maioria, têm intenções que buscam satisfazer um ou mais interesses corporativos.

Negar a existência da política corporativa é ficar alheio aos grupos que têm ou querem ter o poder de decisão de uma companhia. Manter-se à margem de todos os movimentos orquestrados por grupos internos é também correr o risco de ser manipulado em prol de algum desses interesses.

Muitos profissionais fogem de situações em que a política corporativa é exercida, como reuniões e apresentações, por associarem equivocadamente o ato de "fazer política" ao puxa-saquismo ou, ainda, ao processo de se vender internamente, mas sabemos que isso não é verdade.

Como citei nos capítulos anteriores, as habilidades sociais e comportamentais formam a chave para o seu sucesso profissional neste novo momento, e exercitar corretamente a política organizacional é, sem dúvida, uma competência baseada em diversas delas, como a já falada "boa comunicação", bem como a visão organizacional holística, a perspicácia e a assimilação da cultura.

Exercitando a política organizacional

Espero ter convencido você de que falar e fazer política é indispensável, independentemente de sua função, cargo ou atividade, configurando uma das principais soft skills em que você deve investir. Incentivá-lo a fazer política nada tem a ver com desonestidade ou falta de caráter. Entenda que fazer política é saber como se relacionar com as pessoas, e não ser falso ou puxa-saco. Aceite e será menos penoso para você do que foi para mim. Acredite.

Foram muitas noites mal dormidas tendo a sensação de que estava sendo um personagem e não eu mesmo no ambiente de trabalho. As tentativas de ser mais sociável para conseguir parceiros em ações do meu departamento pareciam todas muito artificiais. Isso durou muito tempo, até eu compreender que aquela situação faria parte da minha vida profissional para sempre e que, ao encará-la, não estaria indo contra meus valores, e sim que este seria um aprimoramento de carreira. Só depois dessa reflexão o peso finalmente saiu das minhas costas, mas até esse momento chegar, foi difícil e sofrido demais.

Apesar de ser uma tarefa árdua para pessoas introvertidas como eu, reconhecer a importância de exercitar o papel político e de negociação em suas atividades laborais é o primeiro passo para que isso deixe de ser um fardo e passe a integrar de forma natural a sua rotina. Foi por meio desses três argumentos a seguir que despertei para a realidade corporativa. Eles foram gatilhos fundamentais para o meu processo de aceitação de que fazer política é uma habilidade essencial:

#1 Empatia é o segredo de uma relação ganha-ganha

Eu não aceitava ter que lidar com pessoas e ser sempre empático para ter apoio em projetos importantes para a minha área, já que eles seriam obviamente importantes para a empresa. Por outro lado, eu precisava estar muito seguro desses benefícios, para compor uma abordagem de convencimento das pessoas. E eu era péssimo nisso.

Não adiantava em nada eu ser muito bom tecnicamente e ter a certeza do que seria bom para a empresa, se não tinha as pessoas certas ao meu lado para comprar o desafio comigo. E por que eu precisava de apoio? Bem, o primeiro motivo é que ninguém faz nada sozinho, e o segundo é que a responsabilidade passa a ser compartilhada. Você passa a ter poder de venda e convencimento, um dos principais pontos para ter acesso a investimentos e ao tempo das equipes para o seu projeto. Ter uma relação política o ajudará a reunir esse apoio e, principalmente, compartilhar o desafio, evitando que navegue sozinho; caso algo dê errado, terá menos dedos julgadores apontados para você.

#2 Política não é politicagem

Aqueles profissionais que se isolam no ambiente de trabalho por acreditarem que a política é uma prática escusa provavelmente estão se referindo à politicagem. Esta, sim, é danosa, como o próprio dicionário traz à tona: "Política de interesses pessoais, troca de favores ou de relações insignificantes."

Quando a tentativa de se fazer política é apenas baseada em interesses próprios, o ambiente fica contaminado pelos famosos "puxa-sacos". Enquanto a boa política lhe abre espaço e dá desenvoltura para ganhar livre acesso a reuniões executivas importantes, mostrar sua opinião e participar ativamente das decisões da empresa, tornando-o alguém a ser consultado com frequência por ter opiniões coerentes e válidas para o crescimento corporativo, os que exercem a politicagem se preocupam com o bem-estar de indivíduos específicos, tentando obter dessas relações um benefício próprio, sem mérito, apenas como recompensa pela bajulação.

Por existirem tantos mal-entendidos e falta de clareza sobre a diferença entre política e politicagem, verdadeiras tragédias culturais são provocadas dentro de uma organização. Elas nascem pelo sentimento equivocado de injustiça desses profissionais que não compreendem a importância de saber navegar em uma cultura organizacional cheia de disputas de poder.

#3 Vender seu peixe sim, mas sem soar interesseiro(a)!

Sem querer, as pessoas podem desviar o tom e ser consideradas chatas e interesseiras. Ser artificial é a pior coisa que existe no ambiente de trabalho (e convenhamos, na vida pessoal também). A quebra de uma confiança mútua pode prejudicar severamente seus planos de ascensão, e o uso incorreto da política corporativa, transformando-a em politicagem, pode rotulá-lo como aquele profissional a ser evitado devido à sua falta de naturalidade, o que costuma gerar interrupções indesejadas durante uma discussão. Profissionais que usam a política para se vender de maneira desestruturada ocupam cada lacuna de tempo a seu próprio favor, deixando o clima na empresa pesado e altamente tóxico.

Creio que você se lembre de cenas que presenciou e que exemplificam essa questão, como:

- Aquela pessoa que não para de interromper a reunião para dar sua opinião completamente desnecessária e que não acrescenta nada ao assunto.

- Aquela pessoa que repete informações já faladas na reunião para reforçar sua posição como detentora da ideia, sendo que não foi ela quem as produziu.

- Aquela pessoa que reforça problemas acontecidos para se vangloriar de que ela pagou a pena da solução.

Se você fizer política de maneira inteligente, passará o recado certo, demonstrando maturidade emocional para galgar novos e maiores desafios no futuro.

Navegando em uma nova cultura organizacional

Como exploramos rapidamente no capítulo anterior, conhecer a cultura de um novo ambiente é a chave para navegar com segurança e desempenhar com máxima performance suas atividades, seja você um colaborador CLT ou tenha outro tipo de vínculo de trabalho.

A cultura organizacional pode esconder complexas teias de interesses e disputas de poder que ditam o comportamento de quem vive diariamente nela. Assimilar uma cultura parte do pressuposto de que se deve conhecer esses círculos não oficiais e como eles impactam diretamente as políticas organizacionais oficiais.

Agora que já sabe a diferença entre política e politicagem, você também precisa entender que o mapeamento das redes de influência e seus participantes em um ambiente é primordial para criar uma estratégia ajustada para cada possível situação que você vivenciará em reuniões, em conversas informais nos corredores e até durante o cafezinho.

Ter a perspicácia para compreender como atitudes e comportamentos alheios influenciam a tomada de decisões em uma corporação pode ajudá-lo a criar atalhos importantes para emplacar projetos e ideias com mais facilidade e, ainda, proteger sua reputação contra possíveis detratores que possam vir a enxergar sua presença como uma ameaça ao *status quo*.

Comprar cegamente um discurso, por exemplo, pode fortalecer sua presença em uma ala da empresa, mas também aumenta as chances de transformá-lo em *persona non grata* para as demais.

Foi exatamente o que aconteceu com um ótimo colaborador no ano de 2014. A empresa na qual ele trabalhava fora vendida para uma maior, na qual eu ocupava o cargo de diretor de uma área administrativa. A sua história é mais uma daquelas bem comuns de consolidação de mercado que acontecem por aí e pela qual, ironicamente, eu também havia passado quatro anos antes.

Aquele movimento trouxe, naturalmente, muita ansiedade aos colaboradores da empresa adquirida, e para ele não foi diferente. Apesar de ter criado uma história sólida nos quatro anos em que esteve lá antes do anúncio da operação e de todo o repertório técnico e reconhecimento público que havia conquistado, ele não soube incorporar e navegar a nova cultura que seria mesclada à sua.

Aos poucos, a empresa foi sendo incorporada, e diversas arestas culturais começaram a ser modificadas, tentando sempre levar o melhor dos dois mundos. Rituais de controle e regras protocolares foram inseridas em um contexto que antes era muito conhecido e confortável para ele. Enquanto parte do seu dia foi sendo modificada para agregar reuniões de status de projetos com a nova equipe da empresa compradora, inclusive comigo, ele foi perdendo a referência de poder e acabou se prendendo aos antigos moldes da sua companhia na época de pré-venda. Sua postura foi endurecendo a cada novo pedido que seu novo gestor fazia, acreditando piamente que as políticas antigas ainda permaneciam intactas.

Aquele preconceito o impedia de conhecer as pessoas, suas intenções e principalmente os motivos que estavam levando-as a tomar aquelas decisões. Ele simplesmente evitou se integrar à nova cultura, e mesmo sendo valorizado e tendo mostrado o quanto sua atitude impactava o setor inteiro, ele não mudou de ideia e acabou sendo desligado da empresa. Foi uma perda técnica enorme para o nosso time, mas um alívio no clima organizacional, que nos permitiu dar novos passos adiante.

Na prática, mostrada claramente neste exemplo real, não tem como um profissional navegar em uma nova cultura sem efetivamente conhecer e conversar com as pessoas já inseridas naquele contexto, se libertando minimamente de crenças que não fazem mais parte de seu ambiente. Neste sentido, descrevi a seguir alguns exercícios interessantes que podem encurtar a jornada de inserção natural ao novo:

- **Estude o organograma completo da empresa:** Vejo, com frequência, profissionais que iniciam uma nova jornada e inicialmente acabam focando apenas conhecer suas verticais. Estudar as relações oficiais entre gestores de todos os níveis permitirá compreender melhor como um projeto ou uma atividade pode ser impactada ou impactar outras áreas ao redor. Além disso, você deve verificar e traçar lideranças informais entre as pessoas e seus principais interesses na companhia. Esse mapa de liderança informal ajudará na identificação de possíveis disputas de poder e de quem acaba tendo mais peso em uma tomada de decisão que pode mudar os rumos estratégicos e até operacionais no ambiente.

- **Trace um perfil pessoal para cada stakeholder:** Assimilar como uma pessoa costuma se portar e comunicar em um ambiente de trabalho pode ser decisivo para você não gerar desconfortos ou embates desnecessários em seus primeiros contatos com profissionais que ainda não conhece, apesar das complexidades envolvidas na determinação de um perfil pessoal, principalmente ao rotular um ser humano de forma simplista. Mas acredito que você consiga identificar algumas características mais proeminentes de um colega de trabalho e, a partir disso, determinar um formato personalizado de tratamento que vise a harmonia em sua relação com ele:

- **Característica social:** Sem entrar em méritos conceituais, mas trazendo um pouco de referência teórica sobre o assunto: Carl Gustav Jung foi o psiquiatra que desenvolveu o conceito que gostaria de explorar aqui, para ajudar em seu exercício. Ele popularizou os termos "introvertido" e "extrovertido", que sugiro utilizar neste momento. O convívio social nos ajuda a descobrir algumas características mais comuns sobre a postura de uma pessoa. Alguns carregam traços introspectivos, sem verbalizar seus sentimentos, e acabam sendo reservados em suas relações. Já outros conseguem expandir com mais facilidade suas ideias, tornando qualquer bate-papo mais espontâneo. Os extrovertidos costumam ser mais carismáticos, por terem mais ânimo em se manifestar externamente que os introvertidos.

- **Posicionamento crítico:** Usando a Teoria do Conhecimento como pano de fundo, mas sem ser chato ou profundo nas questões conceituais, já que este livro trata de um guia prático, trago para a sua reflexão duas importantes hipóteses de postura de um profissional diante de uma situação factual (obviamente existem outras, mas aqui exploraremos apenas estas): o Pragmatismo e o Subjetivismo, que são comumente vistos em embates nas empresas. Quem aí nunca percebeu o quanto as pessoas do financeiro se utilizam do pragmatismo para a tomada de decisões, enquanto o marketing reza e acredita que as coisas melhorarão sozinhas? Esse antagonismo de posturas é real e fundamenta boa parte das disputas de poder em uma corporação. Por isso, determinar quem é pragmático — ou seja, que busca e acredita que a verdade é posta de acordo com a prática, de quem é subjetivo e acredita que não existem verdades universais e que os critérios de verdade são defendidos por cada um de maneira pessoal — o ajudará a ter uma comunicação mais coerente com cada um desses perfis.

- **Aglutine círculos sociais informais:** Após ter uma visão mais clara sobre as características pessoais dos stakeholders inseridos em seu novo ambiente, chegamos ao passo de determinar as relações informais existentes entre eles.

Com este mapeamento cultural em mãos, você estará mais preparado para atuar de forma assertiva com seus novos colegas ou clientes, colocando o seu plano de carreira para funcionar.

21

Planejando estrategicamente sua carreira

> "Se quiser derrubar uma árvore na metade do tempo, passe o dobro do tempo amolando o machado."
>
> **– Provérbio chinês**

Até este capítulo, exploramos minuciosamente a sua relação com o ambiente externo, posturas e comportamentos como sendo um dos pilares para sua jornada rumo à ascensão. A partir de agora, faremos uma curva de 180 graus e olharemos para dentro. Iniciaremos um processo de estruturação de suas metas e de seus objetivos profissionais, para abastecermos o nosso modelo das seis dimensões da Carreira Exponencial, preenchendo as lacunas necessárias para sua navegação em novos ambientes por meio de estratégia.

Assim como acontece em outros tipos de planejamento, escrever suas metas e seus objetivos representa a parte fácil do trabalho. Costumo dizer que papel, planilhas e slides aceitam tudo, mas a hora da verdade acontece quando eles são testados na prática.

Creio que você já tenha ouvido falar, em algum momento, no termo Planejamento Estratégico, certo?

Apesar de ter sua origem para fins militares, seu uso na atualidade foi moldado como uma competência da administração, trazendo um grande arcabouço de metodologias e ferramentas para desenvolver e gerenciar metas e objetivos futuros a uma companhia. Durante o século XX, diversos autores, como Igor Ansoff, Michael Porter, Robert Kaplan, David Norton e outros, criaram modelos de gestão que visam a construção de uma visão futura com a análise da realidade e meios para responder a riscos que possam se concretizar ao longo do desenvolvimento desse plano traçado.

Se estabelecer e gerir metas é um passo importante para um profissional que visa ascensão, por que não adaptar métodos tão disseminados e testados em ambientes empresariais para sua carreira?

Testar com agilidade, errar o mais cedo possível e corrigir rotas passou a ser mais importante que tentar antever diversos cenários e montar planos predefinidos para todos eles. E assim como para grandes empresas, o planejamento estratégico hoje é voltado para melhorar seu processo de adaptabilidade neste novo contexto. Planejar estrategicamente sua vida profissional torna esse exercício mais perecível, porém ainda relevante para a construção de um alicerce que lhe permita mudar rapidamente de rota.

A ideia deste capítulo é apresentar pequenas adaptações às principais metodologias de mercado que são amplamente utilizadas pelas companhias para pensarem e escreverem seus planos, de curto e médio prazos. Elas servirão como um primeiro guia de iniciativas a serem exploradas posteriormente.

Eu poderia te apresentar e detalhar uma ferramenta mais atual, como o Personal Business Model Canvas, de 2012, concebido por Tim Clark e Alexander Osterwalder. Eles tentaram demonstrar todas as áreas com que você deve se preocupar em um mapa de carreira, porém ele ainda seria um desenho estático. Você poderia exercitar sua reflexão também utilizando esse mapa, mas aqui tentei adaptar o mapa estratégico para dar a dinamicidade necessária e que você consiga de fato acompanhá-lo de uma forma mais fácil e ilustrativa ao longo do tempo que tenha planejado.

Não existe certo ou errado, modelos são guias, assim como este livro. O mais importante é criar o hábito de refazer periodicamente essa reflexão sobre sua vida laboral, mas a partir de um documento palpável e de fácil manipulação formulado por você mesmo, seja em uma planilha na Área de Trabalho de seu computador ou por meio de alertas em seu celular, assim será possível você relembrar com mais ênfase aquelas promessas que sempre faz e quase nunca cumpre.

Apesar de realizarmos esse exercício vislumbrando o futuro, é extremamente relevante considerar que o grande segredo de um bom planejamento é saber a hora de alterá-lo e reescrevê-lo, afinal, a incerteza está cada vez mais presente em nosso cotidiano. Portanto, levando em consideração as mudanças que podem ocorrer, alterando completamente o ambiente no qual você está inserido, minha sugestão é que o ciclo do seu processo de planejamento seja de, no máximo, doze meses.

Por que eu devo fazer um Plano Estratégico para a minha carreira?

A maioria das pessoas com quem convivo tem suas próprias ambições profissionais, mas acaba sendo engolida pelas tarefas de rotina. Desta maneira, seus sonhos acabam ficando em segundo plano ou até engavetados.

A ideia de produzir um Plano Estratégico para sua carreira é a tentativa de gastar um tempo refletindo sobre o futuro, criando um compromisso consigo mesmo a partir de pequenas ações e hábitos **palpáveis**, que possam ser incorporados à sua rotina paulatinamente, de forma estruturada e cuidadosa.

Será que esse exercício tomará muito de meu tempo?

Se você está preocupado com quanto tempo levará um exercício que pode determinar seu sucesso futuro, talvez você não esteja tão preocupado com ele! Assim, o primeiro desafio antes de continuar lendo este livro é ter vontade genuína e acreditar que é possível crescer sem colocar a sorte ou o acaso como possível responsável por sua carreira.

Mas para não deixar essa pergunta sem resposta, digo que esse exercício de colocar no papel seus objetivos pode durar entre duas a oito horas. Contudo, isso dependerá do quanto suas metas já estão consolidadas em sua cabeça.

Eu, por exemplo, quando comecei a fazer esse trabalho interno anualmente, em 2014, demorei seis horas, mas nos anos seguintes gastava em torno de quatro horas para revisar e refletir sobre as metas alcançadas, revalidar as que não tinha cumprido e criar outras novas. A grande vantagem desse esforço no início é tentar tornar o processo de reflexão sobre suas metas diário, e não anual, já que sofreremos incondicionalmente os efeitos de um ambiente cada vez mais mutável.

A partir de agora, todos os exercícios que fizemos nos capítulos anteriores devem ser sacados como insumos para este momento.

Etapa 1 – Missão e Visão para a Sua Carreira

Geralmente as empresas começam seu trabalho de planejamento definindo ou revisitando sua missão e visão, que são, respectivamente, compromissos declarados sobre sua razão de existir e o ponto futuro que, ao ser alcançado, faz com que todo seu esforço tenha valido a pena. Hoje esses termos estão fora de moda, justamente por terem perdido suas essências e sua capacidade de inspirar pessoas, passando apenas a figurar de forma burocrática as paredes das empresas.

A verdade é que, independente do nome que você queira dar, o importante é o exercício e a reflexão a ser feita aqui. Enquanto na missão você se perguntará qual seu propósito de carreira, aquilo que você faz com amor e é a razão de sua existência como profissional, a visão estabelece um objetivo temporal, algo atingível, mas que está distante de você hoje, compõe o seu maior desafio e será a sua maior realização profissional no futuro.

Eu não sou adepto da exposição de missão e visão em plaquinhas nas empresas, muito menos sugiro que você pregue suas declarações na porta da sua geladeira. Isso deve ser internalizado, pois as pessoas devem conhecer e ser capazes de vivenciar suas missões diariamente. Inclusive esta é uma das razões de os termos **missão** e **visão** estarem desgastados no mercado: viraram o famoso "para inglês ver"!

Então, guarde para si, em seu coração, essas duas informações tão importantes de seu plano pessoal e lembre-se delas todos os dias ao iniciar seu trabalho.

Etapa 2 – Análise SWOT Profissional

Esta ferramenta, criada nos anos 1960 por Albert Humphrey da Universidade Stanford, é usada até os dias de hoje. Trata-se de um mapeamento de informações em quatro dimensões (que definem a sigla em inglês): Forças, Fraquezas (no ambiente interno da empresa), Oportunidades e Ameaças (no ambiente externo). Aqui, usaremos o método na íntegra — vale ressaltar que, ao listar essas características, estamos falando de você mesmo, e não de sua empresa.

Você pode usar um quadro como esse a seguir, refletindo com ao menos cinco características para cada quadrante. Mas lembre-se: você pode usar qualquer metodologia para realizar essa reflexão, a grande questão aqui é exercitar o autoconhecimento por meio de cada dimensão apresentada da carreira exponencial. Na sequência, você ranqueará cada uma delas para definir uma prioridade a ser atacada ao longo do tempo que durar seu planejamento:

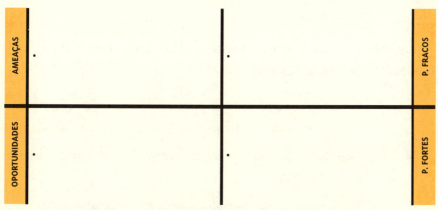

Figura 21.1: Tabela para preenchimento da Análise SWOT

Primeiro, você fará uma reflexão interna de quais **forças** tem, respondendo a perguntas como:

Quais conhecimentos e competências eu já tenho e como posso potencializá-los?

Como minhas competências podem ajudar o meu crescimento?

Em seguida, você fará perguntas sobre suas **fraquezas**, como:

Quais conhecimentos fazem falta hoje? Quais cursos posso fazer para consegui-los?

De quais competências comportamentais eu necessito para buscar cargos mais importantes ou para virar empreendedor?

Quais feedbacks recebi este ano e que posso usar para melhorar?

Agora passaremos a olhar ao seu redor, começando pelas **oportunidades**:

Existem desafios na minha empresa os quais posso enfrentar, além do meu trabalho habitual?

O mercado de trabalho na área que quero atuar está aquecido? Eu conheço esse mercado?

Existe chance de crescimento na empresa em que estou ou em outra similar?

Por fim, veja quais **ameaças** você pode encontrar no futuro e que possam atrapalhar sua ascensão:

O mercado de trabalho está piorando? A crise pode afetar minha área de atuação?

Estou ameaçado na minha atual posição? Existe possibilidade de eu ser demitido?

Existem colegas de trabalho mais bem preparados que eu para ocupar um cargo que desejo?

Etapa 3 – As Perspectivas de um Mapa Estratégico para a Carreira

Quando os professores Kaplan e Norton, da Harvard Business School, criaram a metodologia do *Balanced Scorecard* a fim de estabelecer metas palpáveis para um planejamento estratégico, eles também definiram quatro blocos em que tais metas e indicadores deveriam estar distribuídos: Financeira, Clientes, Processos Internos e Recursos. Todo o funcionamento da empresa estaria atrelado a essas divisões, mas aqui faremos uma adaptação para você pensar em sua carreira após a reflexão da Análise SWOT, visando determinar QUAIS serão seus objetivos profissionais. Depois, você entenderá que as dimensões da Carreira Exponencial corresponderão a COMO você chegará lá:

- **Minhas Finanças:** Quais metas relacionadas à minha vida financeira preciso alcançar para atingir a satisfação e o conforto que julgo ideal para minha vida pessoal e familiar? Quanto preciso me planejar para fazer cursos, abrir meu próprio negócio ou até mudar de carreira e ter um respaldo monetário para vivenciar plenamente esses novos desafios sem preocupações?

- **Meus Mercados:** Quais metas devo estabelecer dentro do mercado em que atuo? Devo participar de eventos, me aproximar de outros profissionais, saber mais sobre inovações nesta atividade ou, ainda, estudar sobre o mercado no qual quero me inserir ou empreender?

- **Meus Ambientes de Trabalho:** Quais metas estabelecerei para minha atuação em minha atual empresa (caso seja um colaborador), ou na empresa em que quero buscar oportunidade, ou ainda na empresa que quero criar, por meio do empreendedorismo?

- **Minhas Carreiras:** Esta perspectiva é dedicada ao desenvolvimento. Quais hábitos devo assumir? Quais competências buscarei desenvolver? E, o mais importante, de quais pessoas estratégicas tentarei me aproximar e fazer networking?

Para organizar suas metas, desenvolvi este *template*, no qual poderá listar e acompanhar seus objetivos profissionais de forma anualizada:

Figura 21.2: Exemplo de Mapa Estratégico

Certamente, cada um dos objetivos traçados exige um esforço próprio, e a ordem para realizá-los dependerá de diversos fatores. Então, ao finalizar a sua lista, será necessário priorizá-los e posicioná-los ao longo do tempo.

Nessas três etapas, conseguimos explorar suas aspirações profissionais para os próximos doze meses, sob a ótica de objetivos e metas menores que poderão ajudá-lo a chegar à sua visão. Apesar de tarefas simples em questões estruturais, as perguntas que fizemos têm grande profundidade de reflexão.

Etapa 4 – Atribuindo as Dimensões de Potência de Crescimento e Trajetória de Vida a Seu Plano

Até este momento, utilizamos boa parte dos fundamentos de um Planejamento Estratégico, ajustando-o para suas metas profissionais. Quase de forma integral, geramos as mesmas saídas que teríamos para uma empresa, porém chegou o momento de introduzir os fatores que geralmente fazem esses planos serem engavetados: as variáveis de velocidade e situação atual.

Como vimos nas dimensões de Potência de Crescimento e Trajetória de Vida, é necessário incluir esses fatores para refletir de forma correta como você conduzirá seu dia a dia e a busca por cada um dos objetivos estratégicos firmados em seu mapa.

Sei como é difícil tornar tangíveis as questões pessoais, mas a ideia desta reflexão é justamente avaliar se você está levando uma vida em equilíbrio, de maneira adequada e alinhada às suas expectativas.

Primeiro, devemos analisar o quão focado você estará em construir sua carreira, ou seja, a Potência de Crescimento. Para isso, vamos compará-lo a um velocímetro de um carro, que tem a possibilidade de acelerar entre as velocidades de 0 a 100. Uma vez que 100 corresponde ao nível total de ocupação de sua mente, se optar por isso, você está 100% dedicado a questões profissionais.

Imagino que você tenha outras prioridades pessoais (MVP — Mínimo de Vida Plausível) paralelas às profissionais, como pensar em ter mais tempo para a família, sua espiritualidade ou trabalhos sociais, portanto, seria incoerente se dedicar 100% a um ou a outro.

Agora, com o seu Mapa Estratégico em mãos, conte a quantidade de objetivos profissionais que você listou nas quatro perspectivas que criamos anteriormente. Eles somados representarão o percentual que você destinou à Potência de Crescimento.

Na sequência, faça a conta, com uma regra de 3 simples, de quantos Objetivos Pessoais você precisará incorporar ao seu mapa até que obtenha 100%. Um exemplo: se você listou 12 objetivos estratégicos para sua vida profissional e colocou 75% de Potência de Crescimento, precisará criar 4 objetivos pessoais.

Com este exercício simples, você conseguirá identificar se está negligenciando ou não alguma esfera que seja importante para o seu contexto e sua Trajetória de Vida.

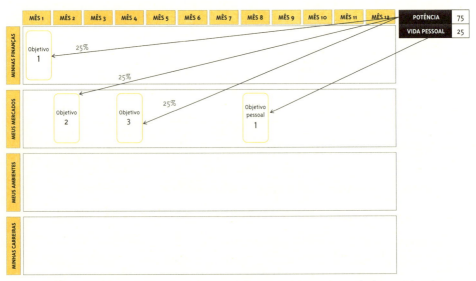

Figura 21.3: Exemplo da incidência da Potência de Crescimento e dedicação à vida pessoal no Mapa Estratégico

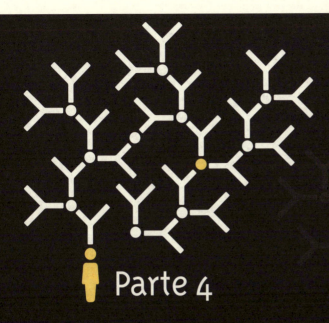

Parte 4

Potencializando Sua Produtividade por Meio da Postura Assertiva

22

A produtividade é o combustível para uma Carreira Exponencial

> "Produtividade nunca é um acidente. É sempre o resultado de um comprometimento com a excelência, a inteligência, o planejamento e o esforço focado."
>
> — **Paul J. Meyer**

Muita gente pode confundir produtividade com esforço, mas se voltarmos ao conceito fundamental de produção, acharemos a resposta que nunca mudou e nem mudará: uma atividade ou conjunto delas que transforma algo em um bem de maior valor e utilidade, detalhando o termo que foi empregado pela primeira vez pelo economista e médico Emilé Littré no século XVIII, ao dizer que produtividade é a capacidade de produzir. Termo que depois foi explorado por diversos pensadores, entre eles Adam Smith, trazendo o conceito de "rendimento".

Quantas vezes não vivenciamos sentimentos como "Fiz tanta coisa hoje, mas parece que o dia não rendeu nada!" ou "Não consigo fazer tudo o que preciso só nas minhas oito horas de trabalho".

Eu entendo, você tem uma alta dedicação à sua companhia e acredita que despender mais horas do seu dia trará mais resultados. Bom, nem sempre!

Cada vez mais veremos a aparição de Organizações Exponenciais ou companhias que se beneficiarão das Tecnologias Exponenciais, e por isso, seu papel mudará drasticamente daqui em diante. Antes dessa nova evolução industrial que vivemos, a produtividade era medida pelo produto entre (1) a utilização de ferramentas e (2) as horas trabalhadas pelo profissional, em que, quanto maior a capacidade da ferramenta, mais ela poderia reduzir quase que "proporcionalmente" o esforço humano, e é por isso que diversas profissões deixarão de existir.

A partir de agora, ficará impossível comparar a capacidade de produção humana com a das Tecnologias Exponenciais, pois elas elevarão geometricamente suas entregas, forçando uma transformação completa do nosso método de entregar valor a um negócio ou à sociedade.

Portanto, um dos maiores desafios para ter uma jornada profissional ascendente será o de se adaptar ao "novo produtivo", evitando cair em armadilhas como a falta de foco e o esforço monstruoso para entregar pequenas tarefas.

Vivemos em um mundo no qual o resultado determina a sobrevivência de um profissional em seu posto de trabalho. Mas muita gente não compreende que resultado e produtividade não são medidos por muitas horas no trabalho, e sim ao desenvolver atividades que realmente geram valor.

Trabalhar após o horário normal de expediente, por exemplo, pode acontecer de maneira esporádica, mas a situação acaba virando rotina em muitas empresas. Quem pensa que essa pressão por trabalhar além da jornada foi instaurada apenas para ajudar em momentos pontuais e específicos está muito enganado: tem muita empresa que aceitou essa disfunção como parte de algo que chamo de cultura de ansiedade.

Acontece que a métrica para averiguar o ganho real de resultados (ou de dedicação de um colaborador) não deveria ser a quantidade de horas, e sim a sua produtividade, sob a nova ótica do mundo exponencial. Portanto, acreditar que pressionar colaboradores para trabalhar mais tempo é sinônimo de maior desempenho para a empresa está, na verdade, potencializando a queda de produção.

Parece contraintuitivo, mas essa questão já é uma velha conhecida para nós. Pouco é feito no ambiente laboral para reverter o quadro, e, mesmo com as leis trabalhistas existentes, a conta deveria ser feita com mais cuidado.

Em um levantamento de fevereiro de 2018 realizado pela Fundação Getúlio Vargas, foi comprovado que a força trabalhadora no Brasil tem baixíssima produtividade, figurando na posição 50 entre 68 países analisados. Na Noruega (topo do ranking), os cidadãos trabalham em média 1.426 horas por ano, gerando 100 dólares por hora, enquanto a gente trabalha MAIS (1.711 horas) para gerar apenas 16 dólares de retorno, deixando claro que ficar mais horas além do expediente é uma maneira cara e pouco inteligente de tapar possíveis buracos de eficácia.

Em ambientes imaturos de gestão, líderes não costumam gerir as taxas de produtividade corretamente, sendo extremamente levianos com colaboradores que saem no horário correto, dando mais valor e crédito aos que ficam após o expediente.

Gestores que não tinham compreendido o real significado de produtividade viram tal equívoco brotar diante de seus olhos com o processo de isolamento que vivemos na pandemia, quando a forma de gerir foi adaptada à força. Nesse momento, muitas máscaras caíram.

Na compreensão das métricas corretas sobre rendimento para aferir a real produtividade, é possível destacar cuidados e riscos que cada profissional deve levar em conta ao longo de sua rotina.

Diversos fatores contribuem para você não atingir seu maior nível de produtividade durante o dia de trabalho, alguns de cunho interno e pessoal, mas outros vindos do próprio ambiente:

#1 O velho conceito das 8h às 18h

Eu gosto muito de trabalhar na parte da manhã. Acordo motivado e, depois de um bom café, já me embrenho no trabalho, pois é quando as coisas parecem fluir melhor. Porém, tenho diversos colegas que rendem mais após o almoço, outros tantos no começo da noite, e muitos sentem uma vontade incontrolável de produzir na madrugada.

Logo, se cada um tem seu pico de produção em horários diferentes, ao ficarmos presos no velho conceito da jornada que delimita nosso trabalho das 8h às 18h, isso nos torna automaticamente menos eficientes. E o pior, se cada um responde fisiologicamente de uma maneira aos horários dessa jornada, qualquer processo de ranqueamento ou comparação de desempenho por parte de um líder pode ser perigosamente enviesado.

Infelizmente, a gestão do tempo como um padrão social e laboral não promove as melhores condições de produtividade. É óbvio, temos atividades comuns, em que os times precisam se reunir em determinados horários, o comercial, por exemplo, mas a produtividade individual precisa ser respeitada e entendida pelo gestor para potencializar os resultados da empresa sem exaurir o colaborador.

#2 Gastar energia em atividades de menor impacto e resultado

A gestão do próprio tempo é fundamental para que possamos extrair melhores resultados no ambiente de trabalho. Tirando a situação em que você seja um profissional liberal e faça seus próprios horários, a maioria esmagadora das companhias ainda exige o cumprimento do ritual da jornada das 8h às 18h. Neste caso, é ainda mais necessário que cada colaborador entenda o que suas atividades representam para a empresa e o impacto que elas causam no negócio como um todo.

Parece uma reflexão trivial, mas não é.

É mais comum do que se pensa, mas focamos corriqueiramente nossos esforços em atividades que gostamos de realizar, às vezes as mais fáceis, outras mais complexas; a verdade é que somos influenciados por aquelas que nos dão mais prazer internamente e que nos mantêm em uma posição confortável, melhorando nosso dia. Porém, nem sempre elas geram mais valor para o negócio.

Por vezes gastamos mais tempo do que deveríamos em atividades que nos agradam, enquanto protelamos em nosso cotidiano aquelas mais chatas, mas que poderiam agregar mais valor. Apesar de parecer um pecado menos grave, se essa estratégia for pensada por toda uma equipe, ela pode enfraquecer o funcionamento de uma empresa como um todo, e para isso damos um nome: procrastinação.

Em 2013, quando dirigi um escritório de projetos de uma grande empresa, cujo principal compromisso com a presidência era demonstrar a evolução das atividades que aconteciam em todas as áreas de forma isenta, eu tinha uma colaboradora responsável por transferir os dados mais operacionais em apresentações executivas. Apesar da ótima capacidade de deixar os slides extremamente atrativos, a colaboradora passava mais tempo nesse processo do que lidando com a parte mais "operacional", que representava o principal objetivo de seu trabalho: analisar números e fatos e transformá-los em informações mais palatáveis e resumidas para um público focado em resultados.

Em diversas oportunidades, ao realizar uma revisão prévia que antecedia tais reuniões, encontrávamos erros nas informações, mas ficávamos encantados com o layout e o design do material. O processo de feedback foi intenso, até que, felizmente, conseguimos corrigir o curso de seu desempenho, nivelando corretamente as necessidades do negócio e suas preferências de trabalho.

Este é claramente um exemplo de como o foco do esforço deve ser produzir resultados, e não apenas "dourar" em demasia algo sem valor, ocupando o tempo com coisas minoritárias.

Logo, podemos afirmar que a produtividade cai mesmo existindo empenho, já que ele não está focado em construir efetivamente valor prático.

#3 A "burrocracia" e a falta de recursos adequados para produzir mais

Muitas vezes desejamos produzir mais, buscamos a excelência em nosso trabalho, mas nem sempre temos todas as ferramentas para desenvolver plenamente nossas atividades, ou, ainda, esbarramos em uma série de burocracias.

Em pequenas empresas e startups, a vida pode aparentar ser mais fácil, pois resolver conflitos e problemas não depende de uma infinidade de formulários ou níveis hierárquicos. Conforme as empresas crescem, o jeito até então mais conhecido e aplicado é a padronização de atividades, para que as coisas sejam feitas de um mesmo modo, facilitando a vida de setores interessados, mas isso muitas vezes prejudica quem mais interessa, o cliente, que passa a ser tratado como um número a ser processado em uma máquina de fazer produtos enlatados.

Foi natural, até pouco tempo atrás, a criação de atividades de controle e etapas de verificação por setores de validação, que checam o cumprimento de regras e até tomam a decisão sobre a possibilidade de um setor ou um profissional fazer algo na empresa.

Parece papo de maluco, mas já vi companhias com tanta burocracia abarcada, que, ao perguntarmos o porquê da existência de uma regra, as pessoas simplesmente não sabem explicar. O medo de dar autonomia e ser passado para trás ou roubado fez com que diversos empresários minassem a fluidez de seus processos com inúmeros pontos de checagem e perdessem mais dinheiro em eficiência do que em eventuais desvios de conduta.

Obviamente, controles são importantes, desde que utilizados a favor da empresa, e não contra as pessoas que trabalham nela.

Essa "burrocracia" atrapalha a rotina de trabalho e transforma a produtividade em um desafio hercúleo a ser vencido.

#4 Grande esforço em fazer aquilo que não é sua especialidade

Sabe aquela boa intenção de ajudar alguém ou uma área para facilitar nosso próprio trabalho lá na frente? Eu sei, pode ser que aquilo faça uma grande diferença para a empresa, mas você concorda que não está resolvendo a causa-raiz?

Às vezes, na ânsia de ajudar, assumimos atividades que não nos competem ou que não temos competência suficiente para desenvolver. Muitas companhias fecham os olhos para problemas internos, enquanto heróis "ajudam" as áreas menos produtivas.

Mesmo não sendo uma tática inteligente, as organizações conseguem convencer erroneamente alguns profissionais que o "senso de dono" pode um dia transformá-los em altos executivos. Mas a realidade é que são necessários muitos outros requisitos técnicos e sociais para que alguém suba no organograma da corporação, e isso pouca gente conta!

Sob a bandeira do "pense fora da sua caixa e ajude a empresa", muitos profissionais internalizam essa cultura distorcida como um possível caminho de ascensão, ganhando motivação por se sentirem empoderados pelo discurso sedutor, mas que, na verdade, os faz trabalhar mais enquanto alguém trabalha menos.

Resolver problemas de baixa produtividade é difícil, demorado e quase sempre demanda decisões mais enérgicas que provocam instabilidade no clima da empresa, como intervenções e até demissões. Para gestores preguiçosos que não costumam enfrentar essas questões, manter o *status quo* do ambiente se torna o lema, mesmo ele sendo alimentado pelo sangue dos que se dedicam mais do que os outros.

23

Ser um super-herói corporativo não é saudável

> "Algumas pessoas acham que foco significa dizer sim para a coisa em que você irá se focar. Mas não é nada disso. Significa dizer não às centenas de outras boas ideias que existem. Você precisa selecionar cuidadosamente."
>
> — Steve Jobs

Não, não é! As pessoas confundem dedicação e esforço com heroísmo, e aí mora o grande perigo. Funcionários que se destacam por serem os últimos a saírem do escritório sacrificam a vida pessoal e carregam nas costas departamentos inteiros, enquanto seus colegas continuam tendo noites tranquilas de sono. Isso não é natural, mas acaba ficando muito cômodo quando os problemas parecem se resolver como em um passe de mágica, afinal, os super-heróis não dormem e sempre salvam o dia.

Mas se o super-herói se dedica mais, ele não deveria ser valorizado, em vez de ser rotulado como "ingênuo"?

Para responder a essa pergunta, vamos retornar ao berço das histórias em quadrinhos: você já viu um herói divulgando a sua real identidade? Não, né? E é exatamente isso que acontece com os heróis corporativos: eles continuam no anonimato e se afogam nas operações, enquanto outros profissionais se dedicam com equilíbrio à sua participação social na empresa, vendendo corretamente o seu trabalho, e não apenas desenvolvendo atividades de sua operação.

Outros mais espertos e muito menos éticos, os "vilões", se apropriam dos resultados gerados por heróis e heroínas como se fossem seus e acabam até subindo de cargo à custa dos outros!

Todo super-herói tem uma fraqueza!

Com certeza você já percebeu que os supercolaboradores são convocados para batalhas inglórias, sob a tática de convencimento chamado: desafio. Cheiro de cilada, concorda?

Eles são vistos como verdadeiras buchas de canhão por não se recusarem a realizar nenhum tipo de tarefa, mesmo existindo outros cargos e pessoas para executarem aquele trabalho. São literalmente usados por uma rede sórdida de acomodação que se sustenta pelo medo. Os heróis têm a convicção de que seu sacrifício um dia será valorizado, dando margem para que chefes e pares se utilizem dessa fraqueza, mantendo o ciclo por meio de ameaças informais, como "Se eu fosse você, faria esta atividade, para não dar margem para que os outros falem mal de você" ou "Você está quase conseguindo uma promoção, não vai dar mole logo agora, se queimando por não ter feito uma atividade tão importante".

A armadilha de ser insubstituível

A produtividade que realmente importa para a empresa ao avaliar um colaborador é o seu resultado, ou seja, o que ele efetivamente produz durante sua jornada de trabalho, e não o esforço necessário para entregar esse valor. Sendo assim, nem sempre os super-heróis acabam com uma boa reputação. São esquecidos, muitas vezes, por ficarem tão focados em suas atividades operacionais, que não participam de momentos sociais da empresa ou de reuniões importantes, nas quais seu trabalho poderia ser exposto e parabenizado.

Eles se tornam tão indispensáveis para a operação, que treinar um novo colaborador para os substituir à altura ficaria caro e demorado demais, segundo a visão de seu gestor. Desta forma, o super-herói se torna praticamente insubstituível em sua função, ficando impedido de crescer profissionalmente, já que todos os problemas são resolvidos com agilidade e eficiência.

Deixando sua capa de super-herói de lado para ser um profissional altamente produtivo!

É claro que no mundo ideal, as organizações deveriam emanar uma cultura que valoriza o senso de pertencimento, em que as equipes são motivadas a colaborar entre si para um bem comum, mas como os super-heróis só existem na ficção, cada profissional precisa e deve ter claramente a sua própria estratégia de crescimento e ascensão, mesmo em ambientes nos quais a competição deixou de ser saudável.

Obviamente não existem receitas de bolo, cada empresa tem sua própria cultura, por isso a dica de ouro que trago para não se tornar um super-herói corporativo é: entenda muito bem como a sua organização funciona. Quem navega bem na cultura organizacional tem mais argumentos para demonstrar da forma correta o seu trabalho e, principalmente, para dizer NÃO quando necessário!

24

Focando em atividades que geram valor

> "A melhor maneira de iniciar é parar de falar e começar a fazer!"
>
> **— Walt Disney**

Você se sente feliz e realizado após um dia extenuante de trabalho? Você acha que todo o seu esforço foi recompensado pela satisfação de ter feito seu melhor, mesmo que seu chefe não tenha dado aquela última passada na sala e lhe desejado um bom descanso?

Durante minha experiência como gestor, eu tentava classificar minha equipe por características sociais para poder engajar da maneira mais assertiva possível as vontades de produzir mais, de forma plena e gratificante para os colaboradores. Tratar cada um individualmente para extrair o máximo de resultado, provocando-o da maneira correta para gerar vontade e motivação, sempre será um desafio no processo de liderança.

Nem sempre — aliás, muito raramente — eu tinha a possibilidade de conceder-lhes um aumento salarial, mesmo com todo merecimento. Mesmo de mãos atadas para manobrar esse tipo de incentivo, aquilo não poderia me limitar como líder e acabar deixando-os desinteressados ou desmotivados. Eu tentava desenvolver a arte de me comunicar com eles com muita franqueza, principalmente para transmitir outros tipos de valores e argumentos que pudessem gerar interesse em participar daquela jornada comigo, e não apenas enxergar suas atividades como um mero esforço mecânico a ser recompensado por um salário ao final do mês.

O esforço precisa ser gratificante, mesmo quando ele não enche seus bolsos!

Em 1984, durante as Olimpíadas de Los Angeles, uma atleta em especial ficou mundialmente famosa. Gabriela Andersen-Schiess, maratonista suíça, ficou conhecida por seu esforço sobre-humano ao atravessar a linha de chegada desidratada, com cãibras e desorientada pelo calor. Uma incrível superação que foi notada por todos, principalmente devido ao fato de ela ter conseguido finalizar a prova nessas condições. Mas será que ela seria lembrada até hoje se tivesse desistido, em vez de completar os 42,1 quilômetros quase desmaiando?

Sem dúvida, foi um exemplo de superação e vitória pessoal, mesmo chegando na 37ª posição entre 44 corredoras.

Um dos grandes conflitos travados entre um bom líder e seu time é de desmistificar a coroação do esforço como se este devolvesse à empresa todo o prazer que uma superação interna e pessoal traz ao colaborador.

Sendo realistas e colocando de lado os ambientes tóxicos que vimos e condenamos por aí, já que ninguém trabalha em sua plenitude nesses casos, precisamos ser sinceros ao admitir que as empresas vivem de resultados. Acredito que todo mundo deva concordar com esta afirmação.

Portanto, ao observar o que mais enche os olhos de um gestor, e, consequentemente, de acionistas, de qualquer companhia que visa lucro, vimos que as pessoas são avaliadas por suas entregas, e não pelo tamanho do esforço ou da superação individual para desenvolvê-las.

Uma forma mais direta e fácil para um colaborador compreender essa relação de entrega *versus* esforço é dar o exemplo com seu próprio salário: no final de cada mês, você receberá sua remuneração combinada, por ter entregue seus resultados planejados no período de trinta dias. Líderes admirarão sua superação ao aprender e produzir mais e melhor para realizar essa entrega, mas não poderão simplesmente compensá-lo financeiramente por isso, já que todos os outros dedicaram, em maior ou menor grau, seus próprios esforços e superações.

Mesmo sendo relativamente "fácil" dar tal justificativa, é preciso ter empatia para que esse mindset de crescimento não se dissipe na cabeça do liderado. Ele precisa ver valor intelectual naquele mês difícil de cansaço e esgotamento, para se tornar mais forte e ainda mais motivado no seguinte. Quanto maior o esforço no início, mais fácil será o próximo mês, e assim, o que parecia um fardo passa a ser incorporado como algo mais fácil de lidar com o passar do tempo, transformando-se em maturidade profissional.

A autoconsciência sobre a superação e como focar mais resultados para ter uma recompensa financeira de verdade

Enquanto muitos profissionais focam apenas sua capacidade de esforço, outros canalizam o esforço correto e na dose ideal para cada desafio que gerará resultado de verdade.

Aqueles que veem o esforço como uma prova de que seu suor alimenta sua alma e traz a satisfação ao terminar um dia altamente produtivo acabam tendo mais inteligência emocional para compreender como o trabalho pode gerar um resultado esperado e que este, sim, pode trazer uma recompensa financeira ou de reconhecimento, fechando um ciclo virtuoso sobre a jornada de trabalho.

Esse tipo de profissional se desanima com menos frequência, pois acaba compreendendo seu verdadeiro papel dentro de uma empresa, que só sobrevive mediante resultados, e não mero esforço. Dessa maneira, sua rotina fica muito menos penosa e sem a falsa sensação de não ter sido valorizado pelo trabalho que desempenha.

Já pensou em trabalhar apenas quatro dias por semana e render mais do que nunca?

A empresa de gerenciamento de bens e testamentos Perpetual Guardian, sediada em Auckland, na Nova Zelândia, foi uma das primeiras companhias do século XXI a implementar uma jornada de trabalho de apenas quatro dias semanais e viu a produtividade de seus colaboradores melhorar drasticamente.

Seguindo o mesmo caminho, em 2019, a sede da Microsoft no Japão também implantou o sistema de fim de semana de três dias e teve o resultado surpreendente de 40% de acréscimo na produtividade de seus executivos.

Mesmo parecendo contraintuitivo, esses dois exemplos deixam claro que o foco no resultado não é medido pelo esforço e pelo tempo despendido na realização das atividades de rotina.

Segundo estudo da OCDE sobre produtividade do trabalho (PIB X horas trabalhadas), países como Irlanda e Noruega se destacam nesse quesito, figurando entre os primeiros da lista. Já se comparássemos nossos números, estaríamos muito aquém no mesmo índice. Se pudéssemos resumi-lo, o contexto brasileiro seria: somos um povo muito trabalhador, nossos esforços são gigantes, e, ainda assim, geramos menos riqueza do que em outros lugares.

Obviamente existem lacunas técnicas em nossa formação, algo que uma educação básica de qualidade poderia resolver, mas também existe outro conjunto de habilidades que faz toda a diferença nesse ranking: as mesmas competências comportamentais, sociais e emocionais que já citamos.

Então o que devemos fazer para aumentar nossa capacidade de entrega e sermos mais produtivos em nosso trabalho?

Considerando que você consiga desenvolver essas lacunas que nos distanciam de países de primeiro mundo ao longo de sua carreira, cito três etapas que se tornam importantes para a sua busca pela alta produtividade com foco em atividades que realmente geram valor:

- **Gestão do Tempo:** Uma das habilidades mais importantes hoje em dia é, sem dúvida, a gestão do nosso tempo. Apesar de muitos gestores ainda se preocuparem com os minutinhos que seus colaboradores ficam no café ou vão ao banheiro, a diferença é criada quando estes estão concentrados em atividades que realmente importam.

  Acontece que, diante da alta demanda diária, é comum nos perdermos em diversas tarefas que caem em nosso colo ao mesmo tempo. Um método muito eficiente para lidar com a organização de suas atribuições e garantir que o seu tempo seja usado de maneira satisfatória é o GTD (Getting Things Done) ou a Arte do Fazer Acontecer, criada por David Allen. É uma maneira de treinarmos nossa rotina para que todos nossos afazeres estejam organizados e priorizados.

- **Gestão de Prioridade:** Algo que aprendi durante muitos anos como executivo é que a prioridade em qualquer atividade realizada, do mais simples e-mail enviado ao grande projeto de transformação, é o resultado. Deixando um pouco o romantismo de lado, todos temos consciência de que uma empresa privada visa a sobrevivência pelos lucros, logo a chave para o sucesso em sua carreira, independentemente de sua função, é ajudar a empresa a ter resultados. Muitos profissionais não compreendem como suas atividades impactam positiva ou negativamente o resultado macro de suas corporações, e este para mim é o maior risco à sua permanência em um emprego. Sim, quem não gera resultado, infelizmente, voltará ao mercado.

- **Gestão de Resultado:** Se você organizou suas tarefas e as priorizou de acordo com as que entregam mais valor para sua empresa, chegou a hora de demonstrar seu resultado. Eu sei que é chato se vender, fazer marketing pessoal e que a empresa deveria nos reconhecer sem precisarmos reforçar. Acontece que estamos nos vendendo sempre (pelo menos expondo nosso trabalho). Em cada e-mail, conversa de corredor e reunião, somos julgados por pares, líderes e liderados; portanto, saber usar esses momentos corretamente para demonstrar seus resultados é de suma importância. Se eu fosse lhe dizer como fazer isso, decidiria para sempre elencar suas atividades e projetos de acordo com: (1) a redução de custo ou (2) o aumento de receita. Essas são as formas mais claras e diretas de impactar a última linha que fecha a conta da empresa!

25

Superando críticas e removendo rótulos

"Para evitar críticas, não faça nada, não diga nada, não seja nada."

— **Elbert Hubbard**

O mundo dos negócios apresenta redes complexas, jogos de poder e empresas sedentas por lucro em seus métodos nem sempre ortodoxos. No meio de tudo isso estão os profissionais, batalhando em uma corrida ainda mais difícil nesse ambiente: a de se diferenciarem em um mercado saturado e, muitas vezes, nem um pouco amigável.

Destacar-se, hoje, está cada vez mais estressante. Como já vimos, vivemos na Era da Informação, o que equalizou muitos saberes técnicos, colocando a disputa pela melhoria de carreira sendo medida nos mínimos e "emocionais" detalhes.

Acontece que muitos, tentando se diferenciar, acabam destoando muito de certas convenções empresariais. Uma estratégia que pode ser uma enorme vantagem, mas também uma péssima ação para sua imagem pessoal. Enquanto a maioria dos profissionais se encaixa em padrões de mercado e vive estagnada, um grupo segue firme e forte em seu objetivo de não perder sua autenticidade, ou seja, ser eles mesmos para se diferenciar desse eixo comum.

Com certa frequência, vejo profissionais pecarem por terem um entendimento falho sobre o que é, de fato, ser autêntico. Autenticidade não tem a ver com ser irredutível em suas opiniões, tampouco usar roupas descoladas para seu visto em uma multidão (apesar de não ter absolutamente nenhum problema nisso), mas, sim, colocar sua personalidade em atitudes, postura e principalmente em suas relações; nestas, de fato, a externalização de seus pensamentos acontece, junto com o risco de gerar conflitos, confrontos, críticas e rótulos no ambiente de trabalho.

O conflito faz parte das relações humanas. Discordar da opinião alheia é mais do que natural, e esse exercício, quando realizado de maneira correta e sem juízo de valores, leva à evolução intelectual.

Como o professor Mario Sergio Cortella coloca em seu livro *Viver em Paz para Morrer em Paz*, o conflito é o debate saudável sobre ideias, e enquanto não se torna um confronto, ou seja, uma tentativa de imposição de ideias sobre as do próximo, ele é bem-vindo no ambiente corporativo e também, é claro, em nossa vida.

Já a crítica é a expressão de um julgamento alheio realizado, muitas vezes, em cima de um possível confronto ou conflito mal resolvido. Sempre ligamos o ato de criticar sob duas óticas em nossas relações, geralmente as chamamos de "críticas construtivas" ou "críticas destrutivas". Mas você saberia reconhecê-las corretamente sem juízo de valor? Você, como possível alvo da crítica, assumiria uma posição de defesa simplesmente ignorando-a, dizendo que é uma crítica destrutiva, ou conseguiria ponderar e refletir corretamente sobre a situação?

Se entendemos que em qualquer situação da vida poderemos receber críticas, o segredo é se preparar de maneira madura para recebê-las e saber exatamente o que fazer com elas! Principalmente no ambiente de trabalho, onde as relações humanas envolvem metas pessoais, de equipe, de ascensão de carreira e outras situações, inclusive emotivas, saber lidar e até reverter críticas "ruins" é muito importante para conservar sua imagem profissional.

#1 Reflexão interna

Ao longo da minha carreira, vi diversos profissionais querendo imprimir sua autenticidade de forma equivocada e sendo desligados de postos altos em grandes empresas, rotulados como pessoas insensíveis e duras. Os que não usaram sabiamente sua autenticidade perderam o emprego e pecaram principalmente na tentativa artificial de mostrar suas diferenças, sendo tachados como arrogantes, pois eram irredutíveis e tentavam, mesmo quando errados, convencer os outros de que o seu jeito era o certo.

Por outro lado, vi outras dezenas subindo rapidamente no organograma, sendo e agindo como eles próprios da maneira correta. Estes fizeram de sua autenticidade algo cativante quando tinham razão e souberam recuar quando sua postura poderia atingir o próximo de maneira incorreta ou soberba.

Sinais sobre a forma como você externaliza suas posições, visões de mundo e opiniões são dados o tempo todo. Quando uma crítica é expressada, quem a recebe necessita refletir, não apenas sobre seu conteúdo, mas sobre o contexto em que ela foi feita.

É comum que fiquemos surpresos e até desapontados com um feedback negativo. Ter maturidade suficiente para refletir sem juízo de valor, sem envolver questões emocionais e, principalmente, com imparcialidade é a primeira etapa para entender e reverter o sentimento de quem está criticando. Antes de qualquer resposta imediata, reflita sobre a situação e pergunte detalhes dos motivos que levaram a pessoa a ter aquela visão.

#2 Revertendo a percepção

Outra situação que cristaliza na mente das pessoas que querem expor sua autenticidade a qualquer custo é sempre darem suas opiniões sobre tudo e para todos. Não podemos nos esconder atrás de nossas convicções para despejar de maneira inapropriada nossos pensamentos, e, por mais que estejamos certos, isso deve ser feito com cuidado. Não é para mentir ou omitir, é para fazer da melhor forma e na hora correta.

O *sincericídio*, termo criado por alguém da internet, fala de maneira objetiva o que acontece com profissionais que não usam de sua Inteligência Emocional e passam de autênticos a pessoas intragáveis na rotina do trabalho, a ponto de serem desligadas. Apesar de poucas referências, esse termo ganhou força nos últimos anos para demonstrar como a falta de maturidade social pode impactar negativamente sua marca pessoal perante o ambiente em que você está inserido, sendo possivelmente mais um gerador de críticas.

Reconhecer esse tipo de erro e qualquer outro a partir de uma crítica é o primeiro passo para revertê-lo. Após a reflexão interna, quando se tenta identificar os reais motivos que geraram a crítica, como comportamentos e atitudes não aceitos por pares e colegas, é necessário trabalhar na reversão. A honestidade e, principalmente, a humildade para assumir o erro formam a chave para recomeçar a conversa e o feedback dado. Obviamente, se a crítica não tiver sido bem explanada, tendemos a ignorá-la, e é aí que mora o perigo de criarem um rótulo contra você. Então, de forma estruturada, busque uma nova reunião com pares e parceiros que foram impactados pelo seu comportamento.

#3 Reconstruindo pontes e parcerias

Não dá para reconstruir parcerias e pontes com colegas se a situação anterior não tiver sido pacificada. É preciso tempo para demonstrar na prática que suas atitudes e seus comportamentos estão azeitados aos do ambiente, a ponto de provar que você aprendeu e colocou em prática uma nova forma de se posicionar. Além do tempo, é necessário que exista boa vontade dos parceiros. Essa boa vontade, abalada inicialmente pelo conflito que tenha culminado na crítica expressada, precisa ser reconstruída com naturalidade, gerada novamente pela retomada da confiança e da verificação da tentativa humilde de rever e corrigir erros.

#4 Retomando sua imagem

É possível conciliar sua visão de mundo, seu jeito de ser e seu diferencial competitivo sem ser chato, artificial e arrogante, mas antes é preciso se despir do imediatismo da resposta. Sim, a ansiedade de falar por cima do outro é o gatilho fundamental para você perceber que está deixando de lado sua empatia e sua autenticidade para ser irredutível e chato. Neste caso, faça o seguinte exercício: dê cinco segundos antes de responder. Nada melhor que aquela pequena consulta ao bom senso!

Outra situação em que a autenticidade pode ser bem aplicada é por meio do "elemento surpresa". Sim, surpreender as pessoas ao seu redor com seu toque em algo que sempre tenha sido feito da mesma maneira pode trazer um resultado positivo para a empresa ou, ainda, transmitir seus pensamentos com seu modo peculiar de explanação, por exemplo.

A pior herança de críticas mal compreendidas ou até ignoradas é a criação de um rótulo. Quando um profissional não cura a ferida aberta por uma crítica, principalmente se esta foi realizada por clientes internos ou parceiros da empresa, sua imagem inevitavelmente ficará arranhada. E mesmo que a retomada de sua imagem profissional tenha sido realizada e você tenha aprendido com a crítica, revertendo isso na prática, é possível que ainda existam resquícios de preconceitos causados pelo rótulo gerado na época. Não existe receita de bolo para a reversão desse rótulo, e apenas ações e exemplos de novos comportamentos podem, naturalmente, demonstrar o contrário às pessoas.

#5 Vencendo o preconceito em situações futuras

Pra quem já foi rotulado alguma vez por uma crítica, o cuidado deve ser redobrado, para que nenhum escorregão volte a ocorrer. A repetição de uma atitude que lembre um comportamento já criticado, mesmo após muito tempo, traz novamente à tona toda a experiência vivida pelos parceiros ou clientes internos, e neste caso o rótulo pode voltar a ser ativado. Infelizmente, uma vez tachado, sua carreira na empresa pode ser ainda mais desgastante e desafiadora, devido ao excesso de cuidados exigidos para gerir essa situação.

Ainda que a solução a um conflito ou a reversão de uma crítica dependa única e exclusivamente de cada um, nas relações interpessoais, cabe à empresa arbitrar em confrontos e gerir regras de conduta por meio de políticas e códigos internos. Uma das situações mais comuns é tentar levar a solução de confrontos a um superior, mas, no caso de conflitos e críticas, deve-se tomar cuidado para não ser tachado como imaturo em suas relações!

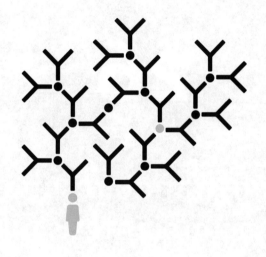

26

Demonstrando resultados em ambientes sem confiança

"Aquele que não tem confiança nos outros não lhes pode ganhar a confiança."

— Lao-Tsé

Uma das coisas mais chatas no mundo corporativo é ter que lidar com mandos e desmandos de um chefe que acredita saber de tudo!

Uma pesquisa realizada pela consultoria BambooHR revelou que 44% dos pedidos de demissão de colaboradores das empresas foram motivados por chefes tóxicos. O estudo comprova que, entre as principais reclamações, estão a falta de confiança da liderança em seu próprio time e, por consequência, a falta de liberdade e poder para que os funcionários consigam prosseguir com o trabalho sem a necessidade de o chefe acompanhar insistentemente suas atividades.

Geralmente chefes autoritários têm uma característica pessoal comum, que é a fonte principal de seu perfil tóxico: a baixa autoestima. Ela acarreta a necessidade de controlar tudo ao redor e, assim, garantir que não será julgado ou rotulado como incompetente por problemas supostamente gerados pela sua equipe.

O autoritarismo está ligado à falta de confiança

Chefes que estão no cargo há muito tempo tendem a se acomodar sobre os processos de negócio que sua área domina e acabam inibindo seus próprios colaboradores de exercitarem a criatividade e a inovação. Diante dessa trava, o chefe compreende erroneamente que o time é arredio e começa a controlar cada passo, a fim de checar se suas ordens estão sendo cumpridas à risca. Muitas vezes, o medo de se expor e a certeza de que o domínio técnico ainda é uma competência da liderança fazem com que os chefes evitem que os colaboradores respirem, e a cada atividade, por menor que seja, eles querem ver o resultado e avaliar se foi feita como pediram.

A pressão para fazer tudo certo e entregar as atividades no prazo também cria uma ansiedade enorme nos líderes, que, aliada à baixa autoestima, forma uma bomba que estoura na parte mais fraca da empresa: as equipes operacionais. Estas são massacradas por gestores que não têm uma das habilidades sociais mais importantes: Inteligência Emocional.

Se você passa por situações como essas ou tem amigos que sofrem desse mal, saberia agir para sobreviver a elas e ter uma rotina profissional mais tranquila?

#1 Se você será cobrado sempre, tente antecipar resultados

Sabendo que nem sempre terá liberdade para discutir abertamente com seu líder sobre o posicionamento dele, saber lidar com as cobranças periódicas e nem sempre racionais que lhe serão feitas é a primeira estratégia para não entrar na pilha e se tornar um colaborador altamente ansioso. Para evitar essa situação, é importante compreender o *modus operandi* da cabeça de seu chefe para se antecipar aos pedidos de status. Tente observar a frequência e os horários que ele costuma verificar como as atividades estão se desenvolvendo e inverta os papéis: ao invés de ser cobrado naquele típico horário, envie o status de suas atividades. O fator surpresa pode reverter a sensação de falta de confiança que ele possa ter com você ou com o time, e ele ainda se sentirá bem ao ver sua proatividade. Após um período mais crítico em que você proverá informações na mesma periodicidade com que ele faria a cobrança, comece a espaçar os envios até um ponto em que você e ele fiquem confortáveis.

#2 Trabalhe sua empatia e paciência

Em muitos casos, seu chefe pode ter atitudes que impactam severamente sua produtividade, mas nem sempre ele está ou é mal-intencionado. Compreender o outro lado é um exercício de empatia importante. Líderes inexperientes que estejam passando por um momento de pressão por resultados podem meter os pés pelas mãos transferindo ao time seus anseios por meio de ordens descabidas. Geralmente eles tomam decisões que nem sempre são as mais corretas e ficam cegos e alheios aos conselhos que podem vir a receber. Nestes casos, trazer indicadores, fatos e dados que comprovem as melhores saídas em situações extremas pode ajudar o líder a voltar a raciocinar de forma clara e objetiva, o famoso "ver para crer".

#3 Proponha formas sistematizadas de reportes periódicos

Caso você tenha certa abertura com seu líder, encoraje a sistematização das cobranças. Como falei no início, o grande problema de chefes autoritários é a baixa autoestima, portanto, para reverter o quadro, é preciso prover a tranquilidade de que ele necessita, ao ver que ele ainda detém poder sobre a equipe. Eu sei, isso é chato e parece ser dar mais "pilha" ao método, mas, na verdade, isso poderá reduzir rapidamente a ansiedade do ambiente. Propor uma estrutura de reportes nos quais ele mesmo possa consultar o andamento, sem pedir aos liderados, pode liberar um tempo precioso de produção que antes seria usado para checagens desnecessárias. Existem inúmeras ferramentas para esse acompanhamento, inclusive gratuitas, como o Trello, o Evernote e tantos outros.

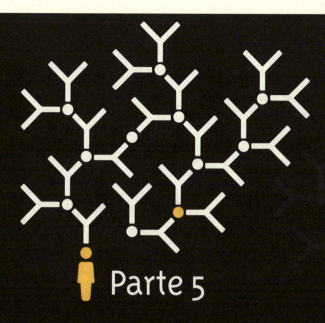

Parte 5

Desenvolvendo a Sua Liderança

27

Liderança empática: O que é e como ser um líder inspirador

> "O papel do líder é servir, e não exercer o poder e obter regalias por conta do cargo."
>
> **— James Hunter**

Crescimento e ascensão são os desejos quase unânimes entre as pessoas que se dedicam a construir suas carreiras em uma empresa ou em projetos próprios. Como vimos nas seis dimensões de uma Carreira Exponencial, você conduzirá, na velocidade desejada e de acordo com seu planejamento, o processo de desenvolvimento de sua história profissional, sempre considerando as diversas oportunidades que aparecerão ao longo do tempo. Dentre elas, não existem dúvidas de que, em algum momento, a habilidade de liderar pessoas lhe será exigida.

Diferentemente da história que contei sobre a maneira forçada como uma empresa havia promovido dois profissionais altamente técnicos para posições de liderança sem a devida preparação, você deverá desenvolver sua capacidade de conduzir projetos em grupos retirando barreiras, para que as pessoas desenvolvam as atividades delas com a máxima produtividade, ou ainda mediar conflitos que eventualmente acontecerão.

Apesar de o processo de liderança exigir diversas habilidades, a mais relevante, sem dúvida alguma, é a empatia.

Equivocadas, muitas pessoas acreditam que ter empatia é uma emoção, mas, em definição cognitiva, ela é uma habilidade socioemocional; alguns a têm, outros não. O termo apareceu pela primeira vez em alemão, *Einfühlung*, com Theodor Lipps, depois foi utilizada e traduzido em 1909 pelo psicólogo inglês Edward Tichener.

Mas empatia seria sinal de fraqueza? De jeito algum. Mesmo muitos achando que frieza e algidez sejam adjetivos de um líder destemido e admirado por sua equipe, sinto em avisar: não são.

Durante um período de vacas magras, foi inevitável que a empresa em que eu estava realizasse cortes de pessoal. Era preciso equilibrar o caixa, e, mesmo cortando na carne, a última opção naquela ocasião foi demitir parte dos times em todas as áreas.

Eu, como líder, deveria assumir o papel de informar a cada um dos meus colaboradores que teríamos que realizar o desligamento. Foram 25 no total. A sensação foi horrível. Após fazer a última demissão, senti os efeitos degradantes daquele dia, inclusive fisicamente. A gente conhece, mesmo que de longe, aquela pessoa ali na frente: sabe um pouco sobre a família, os filhos, os pais doentes etc.

O momento do desligamento não é fácil, ao contrário, e quem o conduz com naturalidade e frieza absurdas acaba demonstrando ali a sua total falta de empatia, o que é diferente de pena.

A verdade é que, como líder, você precisa ter estabilidade e Inteligência Emocional muito grandes para não se envolver inteiramente, mas também seria insensibilidade apenas fechar os olhos para alguém que está recebendo uma notícia de difícil assimilação.

Infelizmente existem escolas de liderança (ou seriam de chefia?) que acreditam na dureza como ponto fundamental ao se lidar com uma equipe. Porém, dureza não significa seriedade.

Algumas empresas pensam que líderes que se importam com seus colaboradores não têm a seriedade suficiente para alçar voos maiores na empresa, e isso não poderia estar mais errado. Quer dizer que é errado entender, respeitar e validar o sentimento de alguém que passa pelo menos oito horas por dia com você?

Eu defendo ferrenhamente que líderes precisam se orgulhar de sua empatia e da sua relação harmônica com o time, mas não podemos colocar essa possível "amizade" acima dos interesses da empresa que ambos (líder e liderados) representam e pelos quais zelam.

Por outro lado, liderar sem compreender sinais claros de que algo possa estar acontecendo de errado com alguns de seus liderados é ignorar a produtividade da equipe como um todo, afinal, problemas particulares afetam, sim, as atividades laborais.

A psicopatia empresarial

Todo mundo conhece um péssimo líder que de alguma forma consegue entregar projetos, obter resultados e, assim, ganhar espaço nas corporações. Com o discurso de pulso firme, ele destrói relações que poderiam render até mais, baseando-se na rigidez e na distância social de seus liderados. Esses líderes passam a sensação de seriedade por meio de ações ríspidas e desprovidas de sentimentos, o famoso "tudo pelos números e metas". Desta forma quase patológica, desenvolvem no time muito mais medo do que competências.

Equipes chefiadas por psicopatas empresariais passam os dias com os nervos à flor da pele, podendo explodir a qualquer momento, e apenas quando isso acontece o falso líder é exposto, mas aí, infelizmente, o estrago já foi feito.

Orgulho da empatia traz resultados verdadeiros

Ter uma relação profissional, mas também empática com seus liderados garante um ambiente propício para o debate saudável e principalmente com a VERDADE, diferentemente do que o falso líder prega, já que um time acuado costuma omitir problemas e situações que poderiam ser evitadas.

A empatia emanada de um líder inspirador, que cultiva as relações, pode ser revertida a seu favor. Sabe aquele ditado popular que diz que "tudo o que você faz volta para você"? Sim, ele é verdadeiro.

A equipe satisfeita passa a compreender melhor as necessidades do líder; assim, os colaboradores se solidarizam, passando a entender as pressões e os desafios que ele recebe da alta gestão da empresa. Sendo assim, se orgulhar da empatia que você, como líder, cultiva pode reverter em uma equipe muito mais competitiva, comprometida e, principalmente, produtiva!

Sendo de fato um Líder Exponencial

Não foi por acaso que iniciei esta parte do livro com uma competência presente na vida da totalidade dos líderes inspiradores. Além da empatia, outra virtude importante impregnada na trajetória dos grandes e reconhecidos líderes de nosso tempo é a humildade e como ela se torna um ativo imprescindível para demonstrar que não existe uma verdade imutável em cenários exponencialmente voláteis. Ambas formam um pilar relevante para o processo de liderança que é colocado à prova diariamente pelo bombardeio de novas tecnologias.

Este é, sem dúvida, um dos maiores desafios de quem está se desenvolvendo em busca de se tornar apto a um desafio em gestão. Muitos especialistas, inclusive, dizem que a tecnologia está tão entranhada na estratégia e nos objetivos de uma empresa, que deixou de ser *enabler* para fazer parte da própria estratégia em si.

Antenados a essa afirmação, muitos recrutadores e headhunters começaram a desenhar e exigir em perfis de posições de liderança, competências para assimilar o impacto dessas novas tecnologias no negócio, além das habilidades sociais que já eram requisitadas antes.

Apesar de esse perfil mais "tecnólogo" estar em evidência, ele reflete apenas uma face de um potencial líder exponencial.

Se tivéssemos que estabelecer uma breve descrição do que seria um Líder Exponencial, seria algo como: alguém com a capacidade de enfrentar as mudanças trazidas pela Era Digital, mantendo a prosperidade dos times e negócios, antevendo cenários futuros e se utilizando de tecnologias exponenciais para fazer frente às novas formas de concorrência que o mercado apresentará.

Mas acredito que suas responsabilidades vão muito além disso!

Lisa Kay Solomon, diretora executiva de práticas transformacionais da Singularity University, trouxe em 2017 quatro perfis que podem ser considerados perfis de líderes exponenciais. Além do já exemplificado **técnologo**, que está sempre antenado em tendências de novas tecnologias que podem surgir, sendo vanguardista em sua assimilação, testes e utilização, temos ainda:

- **Futurista:** Este perfil não está apenas acompanhando tendências e o surgimento de novas tecnologias e cenários. O líder exponencial futurista busca, por meio, de análises preditivas, imaginar novos cenários possíveis, antevendo e protegendo o negócio de forma proativa, criando seus próprios caminhos.

- **Inovador:** O perfil de liderança inovadora parte do princípio de que é importante correr riscos para surpreender clientes, buscando sempre sua plena satisfação, seja evitando que novos problemas ocorram ou promovendo melhorias que transformem a experiência de consumo ou utilização de produtos e serviços.

- **Humanitário:** Líderes com um propósito humanitário tendem a engajar e aglutinar com maior eficácia talentos que compartilham do mesmo senso cívico, ambiental e/ou social. O comprometimento com causas que extrapolam os muros de uma corporação é um lastro importante para demonstrar respeito e responsabilidade com os impactos deixados por um negócio na comunidade, seja ela local ou mundial.

Então digo a você que está em uma posição em que precisa manter seu time apto e disposto a se motivar, precisa demonstrar resultados periodicamente e precisa da compreensão de cada um para seu próprio crescimento: SEJA EMPÁTICO e se orgulhe disso! A liderança exponencial, portanto, busca ser mais que um guia para as equipes atingirem seus objetivos, mas uma força propulsora dos negócios, catalisando informações do mundo externo para transformar resultados conhecidos em resultados exponencialmente maiores. E não, não falo apenas de resultados financeiros, mas sociais e de crescimento intelectual de cada indivíduo envolvido naquele propósito.

28

Formando um time vencedor

"O talento vence jogos, mas só o trabalho em equipe ganha campeonatos."

— **Michael Jordan**

Você com certeza já ouviu a frase:

"Seja mais líder, saia um pouco da operação!"

Esse é um desafio que qualquer profissional passa ao transitar de uma experiência técnica e ao explorar a gestão.

Tive a oportunidade e o privilégio de liderar gente MUITO BOA! Foi um prazer gigantesco, mas também um belo desafio transformar tanto talento em um único time!

Lembro-me de quando éramos apenas 40 profissionais em uma equipe recém-consolidada para a formação de um novo CSC (Centro de Serviços Compartilhados) em 2009. De lá até meados de 2018, quando deixei minha posição na diretoria, nosso time era formado por incríveis 530 colaboradores e mais 1.800 espalhados em nossas unidades de negócio.

Muita coisa aconteceu em nove anos de operação, e o principal legado desse desafio foi o de colocar nossa paixão em sintonia para alcançarmos, JUNTOS, objetivos maiores que nossas próprias ambições profissionais, mostrando que elas são a consequência, e não o motor para o crescimento.

Apesar de boa parte dos textos que vemos internet afora sobre *"como melhorar a capacidade de entrega de um time"* estar pautada em características técnicas e comportamentais para um líder, minha ideia foi trazer luz a um tema debatido de maneira muito etérea e longe das equipes operacionais de uma empresa: seus VALORES!

A maturidade para entender gaps e principalmente resolver conflitos cresceu ao longo da minha jornada e se tornou cada vez mais necessária naquele ambiente de alta complexidade.

Sim, as habilidades técnicas que eu havia aprendido e estudado com afinco para me tornar um gestor foram importantes, mas duramente contestadas e colocadas em xeque na dura batalha da PRÁTICA, e não mais da TEORIA.

A prática mostrou que esses ensinamentos não eram suficientes para desafios que cresciam exponencialmente em um mundo em constante mudança, e sim um alicerce para a tomada de decisão. Aliás, as habilidades técnicas foram relevantes para criar senso crítico e entender melhor as situações, mas não para resolvê-las.

Já as competências comportamentais, que foram cultivadas e reafirmadas a cada novo cenário desafiador, não serviam para uma possível aplicação padronizada, como um antídoto para uma doença conhecida.

Elas foram colocadas como cartas na mesa, para possíveis formas de atuar, e precisaram ser combinadas corretamente para alcançarem um bom resultado.

E sabe por quê? Porque pessoas são diferentes e não podem ser tratadas como padrões. Simples assim! Se as habilidades técnicas me dão alicerce e as competências comportamentais me ajudam a resolver conflitos, qual o motor para transformar talentos avulsos em um time vencedor? **VALORES!**

Comece a expressar valores e menos técnica!

No início, você será respeitado por sua experiência e por seus conhecimentos técnicos, mas eles não serão perenes. Sendo líder, com o passar do tempo, novos procedimentos e soluções técnicas serão implementados, e você, um pouco mais distante da operação, precisará transformar gradativamente sua atuação e sua liderança, emanando mais valores para guiar e manter seu time performático.

Cada vez mais, seus colaboradores terão que confiar em você pelo seu exemplo de conduta, e não mais pelo seu exemplo operacional.

Ao longo dessa jornada, estabeleci cinco valores que busquei emanar para o meu time e que acredito fortemente terem sido a chave para uma liderança duradoura em uma cadeira de diretor de uma área cheia de desafios atrelados diretamente ao sucesso do negócio. São eles:

#1 Honestidade

Eu nunca escondi nada do meu time! **NADA**! Isso obviamente não incluía assuntos sigilosos, mas expressava que cada ação ou decisão tinha um motivo, bom ou ruim para a equipe, e teria que acontecer para o bem da empresa. Nem sempre ganhamos, e a percepção de "perda" para um time deve ser revertida se a situação for a melhor para o objetivo maior. Como reverter esse sentimento? Conte a verdade!

#2 Coerência

Se você é honesto, boa parte de seus argumentos para seu time já serão **COERENTES**. O pior sentimento para uma equipe é a sensação de "dois pesos e duas medidas". Ter um time seguro de que seu líder é coerente ou preza pela coerência é a melhor forma de compreender decisões que parecem, em um primeiro momento, antagônicas. Em um mundo complexo, decisões são revistas facilmente e até alteradas completamente, e seu time merece entender quando elas acontecem!

#3 Confiança

Se você é honesto e coerente, seu time confia em você, e é importante ter **RECIPROCIDADE**. Formar um time vencedor depende da confiança que o líder tem em sua equipe. Emane bons valores e aquilo se propagará. Em seu artigo mais marcante sobre liderança, o comunicador e LinkedIn Top Voice Marc Tawil fala sobre como o líder precisa desenvolver suas equipes no âmbito pessoal, guiando-as a um propósito, desenvolvendo, assim, um time mais humanizado. Confiar é perceber que seu time é maduro o suficiente e está emanando valores únicos. Deixar que isso flua naturalmente sem podá-los é a maior prova disso.

#4 Empatia

Coloque-se no lugar do time. Engajá-lo para um desafio muito difícil é importante; fazê-lo com uma meta impossível é desumano! Empatia com um time é garantir que você é o maior defensor dele. É observar que o cansaço faz parte do caminho, mas explorar um time até as últimas consequências enfraquece o seu laço com eles. Compreenda o limite de seu time e seja empático em levantar sua bandeira. E mesmo que exista sofrimento, mostre tudo o que você fez para apoiá-los!

#5 Empoderamento

Para um líder técnico em transição, o maior desafio talvez seja o de "largar o osso" da operação. Eu sei, esse foi um de meus maiores sofrimentos. Quem não **EMPODERA** não cresce e não deixa seus liderados crescerem. Quer ter uma carreira longa e crescente? Dê espaço para que mostrem atributos e conquistas. Pratique menos o EU, mais o NÓS e MUITO MAIS o VOCÊS!

Com o tempo e a experiência, você naturalmente fará com que suas competências comportamentais sejam o fio condutor para emanar seus valores como líder. Por isso, pratique!

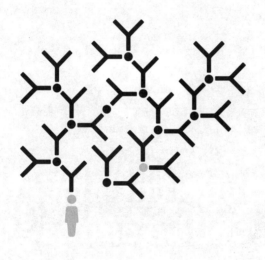

29

Microgerenciamento, ansiedade e outros erros comuns de liderança

"As pessoas perguntam qual é a diferença entre um líder e um chefe. O líder trabalha a descoberto, o chefe trabalha encapotado. O líder lidera, o chefe guia."

— Franklin Roosevelt

Uma das características mais valorizadas em uma empresa por seus profissionais é a liberdade. Ninguém gosta de ser constantemente observado e cobrado, principalmente quando se sabe o que deve ser feito. A sensação de controle excessivo que nasce em pequenas atitudes de líderes despreparados e inseguros agride profundamente quem tem plena consciência de suas responsabilidades.

O microgerenciamento, que é explicado pelo *Merriam-Webster's Online Dictionary* como "gestão com controle ou atenção excessiva nos detalhes", pode ser percebido de diversas formas em uma companhia. Organogramas mais verticais privilegiam a atuação da autoridade e do escalonamento de reportes que se repetem desde a base até o topo. Quando esse formato de cobrança se alia à insegurança da entrega e à cultura do "erro zero", nascem comportamentos indesejáveis para um ambiente mais produtivo dentro das equipes.

Ficar perguntando a cada cinco minutos o status de atividades que têm um prazo estabelecido, controlar as saídas para o banheiro ou para o café de seus colaboradores ou ainda reforçar com insistência o que e como é preciso fazer uma atividade são sinais claros de um gestor fazendo microgerenciamento com a equipe ou com determinado funcionário.

Muitos falam sobre o reconhecimento como um fator importante na motivação de um colaborador, porém não existe reconhecimento antes de alcançar a liberdade em suas atribuições. Conquistar o respeito e a confiança do gestor para caminhar sozinho, e tomar as próprias decisões sobre um determinado assunto ou atividade, é uma etapa importante no desenvolvimento intelectual do profissional e uma espécie de chancela de que ele assimilou bem a cultura da organização. Ter a liberdade para conduzir suas atividades sem uma pressão exagerada é o primeiro reconhecimento que se pode garantir de um líder.

Os efeitos do microgerenciamento para o líder

Líderes pressionados por resultados ou em evidência com a alta gestão são os mais suscetíveis a tornar suas autoridades algo negativo para suas equipes. Na ansiedade de entregar com maior agilidade ou maior qualidade, metem os pés pelas mãos, observando em um nível de detalhe desnecessário o andamento das atividades.

Muitas vezes acreditam que apenas sua visão de solução é a certa e conduzem o time a executar suas atribuições como eles mesmos fariam. Cerceiam a liberdade da equipe, pois ficam cegos com a necessidade da entrega, passando por cima da criatividade de seus colaboradores diretos.

Ao conduzirem a gestão baseada no microgerenciamento, cometem dois pecados cruciais dentro da empresa: (1) deixam suas funções de liderança e desenvolvimento do time para se envolverem em demasia na operação, o que pode prejudicar ainda mais a percepção sobre sua capacidade de liderança perante pares e alta gestão, e (2) aumentam o desânimo do time, que passa a atuar de forma reativa e mecânica, apenas obedecendo ordens, sem desenvolver todo seu potencial.

Os efeitos do microgerenciamento para o liderado

É muito bonito falar em valores dentro de uma organização, mas quando uma equipe é simplesmente ilhada no microgerenciamento, nada disso importa! Por mais lindo e motivador que seja o propósito da empresa, equipes mal geridas por chefes inseguros e impacientes vivem uma realidade paralela do restante. São escravizadas em valores do controle e da punição e acabam sucumbindo à revolta ao conversarem com colegas de trabalho que têm gestores mais preparados.

Quando o impedimento para o crescimento vem do próprio gestor, o profissional não vê sentido no propósito e nos valores divulgados pela organização, já que ele, infelizmente, não usufrui desse benefício.

Já quando o microgerenciamento ultrapassa o limite da cobrança individual, os chefes inseguros costumam expor sua opinião exacerbada para todo o ambiente, provocando mal-estar por meio do assédio moral. Ao chegar a esse clímax, a solução vista por muitos é desistir daquele ambiente, e caso não consigam migrar de área, chegam a abandonar a empresa para buscar um local onde sua capacidade intelectual seja valorizada ou minimamente levada em consideração.

A maturidade versus o acompanhamento de tarefas

Apesar dessa crítica que faço sobre o modelo do microgerenciamento nas empresas, enquanto aumentam seus quadros com uma geração altamente engajada com sua liberdade intelectual, existe, sim, o outro lado da moeda.

Se profissionais maduros são prejudicados com a prática do microgerenciamento, outros liderados que não sabem lidar com a liberdade que lhes é concedida acabam procrastinando ou utilizando o seu tempo de maneira equivocada. Colaboradores menos experientes podem ficar perdidos com a autonomia, não sabendo priorizar atividades e entregas.

Nesses casos, é importante o acompanhamento presente e contínuo do gestor. Mas essa acolhida não pode ser interpretada como cobrança exagerada, e sim como a possibilidade única de ajudar o liderado a crescer. Explicar o impacto de suas ações, ensinar a priorizar, auxiliar no direcionamento e, principalmente, na checagem da qualidade do trabalho são responsabilidades de um bom líder, que se preocupa com os novatos para que eles compreendam a importância da liberdade e a valorizem.

A cobrança para profissionais menos maduros deve ser feita com paciência, avaliando erros e acertos, mas principalmente com feedbacks diretos e objetivos sobre sua atuação. É assim que se cria um time coeso, independente e altamente engajado para produzir para a empresa.

Outra característica que pode contaminar o ambiente de trabalho e provocar o microgerenciamento é a ansiedade. "Temos que fazer isso para ontem!" ou "O time só sairá daqui após acabar este trabalho" — você já ouviu ou passou por situações como essas?

Prioridades sempre existirão no ambiente corporativo: projetos, atividades, entregas, metas! Mas o tom dessas cobranças pode demonstrar uma mudança silenciosa e perigosa na cultura de uma empresa.

Negócios nascem, crescem e mudam radicalmente a experiência de consumo, forçando uma adaptação constante dos empreendimentos que desejam sobreviver.

Para tanto, a velocidade se tornou imprescindível. Talvez ela já seja considerada um novo valor empresarial e cultural nas empresas modernas. Dar resposta ao concorrente ou ser protagonista na inovação em uma indústria depende substancialmente de velocidade.

Existem diversas maneiras de tornar uma empresa veloz. O enxugamento das burocracias inúteis, a melhoria da comunicação interna e o empoderamento dos colaboradores em todos os níveis hierárquicos são bons exemplos de como chegar lá.

Mas e quando a velocidade é confundida com ansiedade?

A ansiedade é um sintoma comum na maioria das companhias hoje em dia. A pressão desproporcional depositada em uma equipe advém dessa transformação que vivemos no mundo. Empresas que não são capazes de mudar sua cultura sacrificam seus times para ganhar uma velocidade artificial e devastadora.

A que preço?

Líderes pressionados por resultados e sem apoio para realizar mudanças culturais que lhes favoreçam acabam desenvolvendo ansiedade.

A sensação de que precisam entregar a qualquer custo, mesmo esbarrando nas velhas questões burocráticas, na falta de recursos e em condições inapropriadas para a equipe, os torna chefes tóxicos a ponto de contaminar e piorar a produtividade do próprio time.

Os professores associados Julie McCarthy e John Trougakos da Rotman School of Management desenvolveram um estudo de campo em 2015 na Polícia Montada do Canadá mostrando que a ansiedade no ambiente de trabalho drena recursos pessoais, levando mais rapidamente à exaustão emocional, o principal fator para a redução do desempenho profissional. Comprovaram que esse mal é fator determinante para resultados insatisfatórios, não apenas financeiros, mas intelectuais nas empresas!

E como a participação de um líder ansioso contribui nessa queda de performance da própria equipe?

Separei quatro sintomas básicos que demonstram como a falência de um time acontece pelas mãos de uma liderança mergulhada em ansiedade:

#1 O fim da blindagem da equipe

O excesso de cobranças da alta gestão aliada a níveis elevados de ansiedade pode atrapalhar a segurança de um líder em relação ao seu próprio time. O chefe ansioso não consegue mais gerir de forma pragmática o seu tempo, tampouco da equipe, começando a acreditar que é possível desenvolver tarefas complexas cada vez mais rápido, pressionando os colaboradores acima de suas reais capacidades.

Ao se deparar com atividades sendo realizadas em "mais tempo" do que ele acreditava ser possível, a blindagem e a defesa natural que esse líder sempre carregava consigo em relação ao time passam a cair da maneira mais prejudicial possível: em reuniões de follow-up.

As reuniões de status viram armadilhas para chefes ansiosos culparem seus colaboradores pela demora na entrega de tarefas e metas, expondo-os desnecessariamente apenas para transferir suas próprias responsabilidades e sua falta de raciocínio lógico causadas pela ansiedade.

#2 O contágio da ansiedade

A pressão imposta por um líder ao seu time geralmente é uma transferência da mesma cobrança recebida da alta direção a ele. Líderes exemplares (e por isso são líderes) conseguem debater com seus superiores mediante fatos e dados, para conseguir apoio nas demandas, empoderamento para realizar mudanças necessárias e explicar de forma pragmática como chegar a um objetivo. Desta forma, blindam seu time de demandas desproporcionais.

Já um líder ansioso se torna o fio condutor sem filtros dessas cobranças, criando um efeito cascata, em vez de servir como uma barragem para que a ansiedade não inunde todos a sua volta.

O contágio da ansiedade é uma espécie de assédio moral travestido de desafios desproporcionais e impossíveis!

#3 A banalização das regras, políticas e responsabilidades

Lembram que eu falei anteriormente que uma das maneiras certas de tornar sua empresa veloz é excluir burocracias desnecessárias? Pois é, mas e quando regras devem ser cumpridas à risca por serem essenciais ao negócio?

Líderes ansiosos ficam cegos pelo excesso de cobranças. Na ânsia de trazerem velocidade aos processos de seus times, enfiam os pés pelas mãos. De forma totalmente desestruturada, começam a elucubrar mudanças de fluxos que infringem regras e políticas NECESSÁRIAS.

Outro típico sintoma de banalização de regras são as transferências de responsabilidade. Elas podem acontecer de duas formas clássicas: a primeira é aquele famoso empurra-empurra de tarefas para outras equipes, apenas para se respaldar da responsabilidade de uma meta não cumprida. A segunda, quando o líder traz tarefas de outros departamentos para o seu time realizar, em vez de corrigir fluxos.

#4 O temido burnout

Por fim, a gota d'água mais devastadora que um líder ansioso pode colocár em um mar de erros: levar o próprio time à exaustão emocional. Essa talvez seja uma consequência dos três erros que citei anteriormente, mas coloca simbolicamente uma pá de cal na lápide de uma equipe. A síndrome de burnout é a terrível explosão física e mental de uma equipe constantemente massacrada pela ansiedade de seu líder.

Ouço com frequência chefes falarem que não entendem os motivos que levaram seus melhores colaboradores a deixar suas posições. Além de ansiosos, eles não conseguem mais compreender que sua situação prejudica sua equipe e a empresa como um todo. Eles se acostumaram com a ansiedade sendo parte de sua rotina. Infelizmente, sem perceber, também sofrerão com esse mal, mais cedo ou mais tarde!

Se você é líder, liderado ou aspirante a uma posição de liderança, atente-se não apenas às suas habilidades e competências técnicas. Um pré-requisito fundamental para qualquer líder é conter a própria ansiedade.

30

Sendo o sucessor natural de seu líder e criando seus próprios sucessores

"Nosso desejo é alguém que nos inspire a ser o que sabemos que podemos ser."

– Ralph Waldo Emerson

Ao iniciar nossa caminhada profissional, sonhamos em um dia atingir postos superiores, em que todo nosso potencial pode ser explorado. Mesmo você imaginando que é preciso ganhar mais experiência, desenvolver mais habilidades e continuar aprendendo para estar apto a um posto maior do que aquela que ocupa hoje, muita gente não sabe exatamente o que fazer para, primeiro, se sentir apto e, segundo, e não menos importante, mostrar para a empresa que está apto.

Uma das maiores realizações profissionais em uma jornada profissional (e, caso não ocorra, a mais frustrante também) é ser o sucessor de seu líder, ou seja, ocupar a cadeira de quem o ajudou, ensinou e passou valores importantes sobre a cultura e como a empresa trabalha.

Apesar de parecer um sonho inalcançável para muitos devido à concorrência interna e externa, se preparar para ser lembrado quando o momento certo chegar pode deixá-lo mais próximo do que imagina da ascensão.

A sucessão direta, que acontece na mesma linha hierárquica entre sucessor e sucedido, ou até mesmo a indireta, quando é possível ascender diagonalmente para uma posição que foge da sua linha hierárquica, exige profundo conhecimento das competências desenvolvidas e de como desenvolvê-las em todos os profissionais que fazem parte do processo.

Um profissional que quer ascender não o conseguirá se não tiver alguém preparado para o seu próprio lugar, e este talvez seja o fator mais negligenciado. Geralmente o foco recai quase na totalidade em demonstrar que se está preparado para ascender, e se esquece de que alguém precisa estar à altura para preencher aquela lacuna que será deixada.

Portanto, o movimento de sucessão não deve ser visto como um caminho linear, e sim cíclico. Logo, as dicas a seguir servirão não apenas para você compreender como se preparar para sua ascensão, mas também usá-las para auxiliar alguém a se tornar o seu substituto natural.

#1 Use seu líder como exemplo, mas seja melhor que ele!

É natural utilizarmos nossos líderes como nossos principais exemplos, afinal, são eles que nos guiam, nos ensinam e nos mostram como a política da empresa funciona. Vejo muita gente falar que gostaria de ser igualzinho ao superior, pois reconhece nele uma referência a ser seguida. Mas não devemos repetir exatamente tudo o que um superior faz, simplesmente pelo fato de cada um ter e cultivar a própria autenticidade no ambiente de trabalho.

Ser igual ao seu líder é manter um formato de trabalho que já pode estar arraigado por anos na empresa, e dar continuidade aos mesmos métodos pode ser prejudicial à oxigenação e à inovação ao assumir o seu posto. Então, estabeleça seu próprio método de trabalho, se espelhando, sim, mas nunca querendo repetir todos os passos. Repita e replique valores e cultura, mas não métodos operacionais! Imprima a sua cara e sua identidade quando tiver oportunidade.

#2 Faça além do que pedem

Estar sempre à frente lhe dará uma boa vantagem competitiva perante o RH e áreas pares. Ter uma visão holística de como o seu departamento atua e ter a perspicácia de compreender quais informações e atividades podem ser realizadas de forma preventiva o farão lucrar muitos pontos no jogo político da empresa.

Clientes internos sempre se impressionam quando a relação entre as áreas é valorizada por meio de pequenas surpresas, como entregar além do que foi pedido. Esse esforço adicional pode lhe garantir rótulos importantes, por exemplo, proativo e bem-intencionado.

Para quem busca alcançar cargos mais altos, ser bem relacionado é fundamental. Dá trabalho, mas faz a diferença.

#3 Entenda os indicadores importantes da sua área

Se é um desejo seu buscar uma ascensão vertical e se sentar na cadeira que atualmente seu líder direto ocupa, será necessário "vivenciar" minimamente aquela posição. Entenda os indicadores de sua área e como eles contribuem para números relevantes para os resultados da empresa. Se sua área é administrativa, estude custos e como reduzi-los. Se trabalha em vendas ou na área que entrega o produto final da empresa, entenda números de receita e o que exatamente dá mais dinheiro.

Por mais operacional que sua atual função seja, quem estuda para um dia se tornar líder precisa pensar grande, entender impactos que as ações de rotina trazem ao cliente final e como a empresa crescerá ainda mais com a sua ajuda. Conhecendo com clareza as entradas e saídas de processos operacionais, você estará preparado para dar respostas rápidas a potenciais problemas e até alertar colegas de trabalho, ajudando-os na correção antes que algo de pior aconteça.

Se quer estar preparado para assumir um cargo maior, terá que ser capaz de desenvolver o seu trabalho e o de seu chefe! E, sim, isso dá trabalho!

#4 Torne seu líder um aliado, não um concorrente

Ninguém consegue abertura para transitar entre diversas áreas, estar em reuniões importantes e até resolver problemas com pares de seu atual superior sem necessariamente ter o devido apoio dele.

Vejo com muita frequência profissionais ambiciosos que acabam metendo os pés pelas mãos pelo simples fato de querer ascender rapidamente. Esse tipo de atitude coloca em xeque a capacidade de seu próprio superior, prejudicando toda a área, minando inclusive o relacionamento com quem deveria ser seu maior aliado.

Ao tratar seu superior como concorrente, além de ser desleal, o colaborador só tem a perder. Afinal, o superior tem mais poder na empresa do que o subordinado, e tentar derrotá-lo no cargo não é garantia de que você será o escolhido para substituí-lo. Além disso, se o superior está exposto, toda a área está, e não seria alguém de dentro que a salvaria, na visão do RH, por exemplo.

Agora, tratar seu superior como aliado é a certeza de que ele também trabalhará para você crescer, dando espaço para você expor seu trabalho em reuniões, no momento certo, e proporcionando momentos para que brilhe ao lado dele.

#5 Para você subir, seu líder também precisa crescer

Seu crescimento profissional não está condicionado (necessariamente) à saída de seu superior da empresa. Pelo contrário! Um trabalho de sucessão bem feito é o que acarreta a *ascensão em cadeia*, ou seja, aquela em que todos de uma mesma vertical hierárquica sobem de nível. Imagine seu chefe assumindo um posto acima do dele, colocando-o em seu antigo lugar e permitindo que você escolha alguém de sua equipe (caso exista) para ocupar a sua antiga vaga.

O movimento mais bonito em uma empresa é o crescimento em cadeia, demonstrando que o esforço de todo um departamento é reconhecido e recompensado.

Então, a melhor maneira de você crescer é ajudando o seu líder a crescer também. Ajude-o a conquistar o espaço que ele busca e, como retribuição, ele o ajudará de volta!

Conheça os desafios que ele tem, afinal, um dia eles serão os seus! Não retruque simplesmente o que seu líder pede para você fazer; tente entender como aquela demanda o beneficiará e sinta prazer em ajudá-lo, pois aquele gesto pode ser seu diferencial no processo de escolha.

Para finalizarmos este capítulo, gostaria de lhe fazer uma provocação: percebeu que em nenhum momento citei a sua relação com seus pares diretos, ou seja, possíveis concorrentes diretos a ocupar o cargo de seu chefe? Fiz isso propositalmente, para que você reflita sobre como deveria tratá-los no seu planejamento de pensar em seu futuro na empresa. Os cinco passos que transcorri aqui servem também para seus colegas diretos, mas cabia a você perceber e compreender isso!

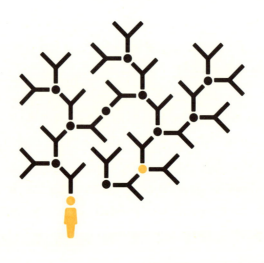

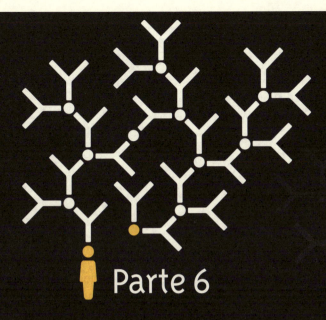

O Futuro do Trabalho na Era Digital

31

Transformação digital e o futuro do trabalho

Entrevista exclusiva com o especialista

Nayara Moura
Rainha do Tarot. Historiadora e expert em Prevenção de Violência de Gênero pela Esneca Formácion, da Espanha.

ACESSE O QR CODE E CONFIRA

> "Dedica-se a esperar o futuro apenas quem não sabe viver o presente."
>
> — **Sêneca**

Não é de hoje que o termo Transformação Digital apareceu, mas a massificação dele para uso marqueteiro caiu nas graças do povo, em vez de ser pensado estrategicamente como uma mudança de paradigma para sobreviver em um mundo completamente diferente.

A verdade é que o mundo já estava mudando quando as empresas surfavam a antiquada onda da comoditização e apenas queriam manter seus processos internos os mais tradicionais possíveis, doutrinando o cliente sem perceber que ele ganhava sua própria consciência de como gostaria de ser atendido.

Agora, correr atrás do prejuízo tem sido uma luta mais difícil do que parecia.

A forma de consumo mudou, a exigência do cliente aumentou, e a tolerância com burocracias para se resolver um problema está perto de zero. As pessoas não querem mais ser colocadas em um fluxo-padrão, afinal, elas não vivem mais em um mundo padronizado!

Assim, passou a ser um desafio prioritário, para quem ficou para trás, pensar fora da caixa, se reinventar perante um mercado em constante mutação e de vontades voláteis.

Mas como pensar fora da caixa se insistimos em desenhar nossas atividades dentro dela?

A ansiedade pelo uso da tecnologia está ultrapassando a capacidade das empresas de compreender exatamente o comportamento de quem mais importa: seu cliente! Todo mundo se preocupa em não ficar para trás, mas nem sequer sabe o que fazer com todo o aparato tecnológico que está ficando cada vez mais barato e disponível.

Poucas organizações conseguiram compreender de fato que a consciência adquirida por seus clientes também chegou para seus colaboradores, afinal, eles muitas vezes vivem no mesmo contexto.

Se a tecnologia equalizou as entregas de valor para clientes externos, ela também precisa ser aplicada aos clientes internos, porém continuamos vendo por aí como o método de gerir pessoas leva em consideração as mesmas ideias retrógradas, como a comoditização do século passado. Durante a corrida para ajustar processos e garantir que os clientes estejam satisfeitos em suas demandas plurais de maneira quase individual, muitas áreas de RH seguem padronizando perfis e modelos de contrato de trabalho, sem compreender que o cliente interno pode ser, de forma espontânea, um grande vendedor da marca de dentro para fora.

Passamos, neste livro, por diversos cenários e aprendizados de como conduzir uma carreira plural, de incontáveis oportunidades, principalmente pelo alto grau de incerteza que temos sobre nosso futuro. Então eu não poderia deixar de apresentar aqui maneiras incomuns e menos conhecidas de como diversos profissionais estão conduzindo suas carreiras.

Ao longo dos capítulos, tive a oportunidade de explorar mecanismos e boas práticas para você desfrutar de todas as opções que cruzarem sua jornada laboral, independente de qual seja ou da pluralidade de desafios que você tenha escolhido enfrentar. Mesmo assim, sempre é possível aprender com modelos ainda mais disruptivos e que nos ajudam a completar lacunas de transição de carreira que eventualmente acontecerão em nossa vida.

Esses métodos não precisam e nem devem ser encarados como um caminho único a ser seguido. A busca por uma vida equilibrada pode considerar o processo de experimentação de extremos, alternando estilos diferentes que permitam compreender seus próprios limites, evitando acumular frustrações por oportunidades desperdiçadas.

Carreiras incomuns também podem ser construídas de acordo com a sua própria vontade e determinação, e apesar de muita desconfiança e até desencorajamento da sociedade, muitos profissionais estão saindo do padrão, buscando espaço em outros setores e economias.

Um dos exemplos mais emblemáticos de reformulação completa de vida profissional aconteceu com a historiadora mineira Nayara Moura, que viralizou em seu primeiro vídeo no TikTok relatando sua trajetória de vida e como ela mudou drasticamente de ramo de atuação. De forma irreverente, ela contou que passou em duas das mais importantes faculdades do mundo, Harvard e Oxford, optando pela escola inglesa. Sua carreira acadêmica deslanchou, e além de um mestrado internacional, também teve a oportunidade de se tornar expert em Prevenção de Violência de Gênero pelo Grupo Esneca Formación, da Espanha. Porém, no auge da carreira, ela escolheu se tornar cartomante e deixou de lado a vida acadêmica para se dedicar a sua paixão e se transformou na "Rainha do Tarot", como atualmente é conhecida.

Em recente entrevista para o canal Spotniks no YouTube, Nayara contou que os motivos de sua escolha foram as crises de ansiedade que teve ao longo do seu mestrado e que, para buscar uma maior qualidade de vida, aliada a melhores oportunidades financeiras, decidiu se dedicar integralmente ao tarot. Apesar de todo o apoio dos pais, ela relatou o que sofreu nas redes sociais após o vídeo inicial viralizar. Enquanto muitas pessoas a encorajaram, outra grande parcela passou a questionar a sua decisão, tentando induzir e reforçar um padrão social que deveria ser cumprido por ela.

O ódio e o processo de cancelamento que Nayara sofreu também vieram de colegas de academia. Segundo ela, "O que mais me machucou foram as pessoas da academia. Pessoas que se escondem atrás de um título de doutor (...) para atacar gratuitamente uma pessoa que trocou de profissão".

Ainda em seu depoimento, ela associa o que passou aos piores sentimentos dos seres humanos, que são o preconceito e a intolerância religiosa e cultural, e que, portanto, se tivesse escolhido ter outro negócio, como uma padaria, as pessoas não teriam tido tais comportamentos contra ela.

Esse lindo exemplo de liberdade da Nayara ao mudar completamente de profissão, ou de fazer um período sabático como o Marcelo Nóbrega e eu fizemos, exercitar o nomadismo digital, como o Matheus de Souza, e até buscar a independência financeira antes dos 30 anos de idade são algumas das infinitas opções que podem, em um primeiro momento, soar extremas, mas que são plenamente aplicáveis dependendo do mundo que é apresentado a você diariamente. E o único responsável por tomar a decisão certa e coerente com seus valores é você mesmo!

Utilize esta última parte como uma inspiração para sair do tradicionalismo de uma vida regular e viver intensamente aquilo que você sempre sonhou!

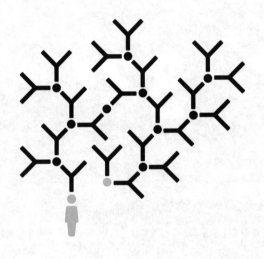

32

Período sabático e as vantagens de dar uma pausa na carreira

"Perder tempo em aprender coisas que não interessam priva-nos de descobrir coisas interessantes."

– Carlos Drummond de Andrade

Interromper uma carreira não é fácil para ninguém!

Se você se deparou com a sensação de que largar tudo seria uma opção válida em sua vida, com certeza precisa de um tempo maior para buscar, com foco total, algo que abrande seu coração.

Muitos caminhos e experiências podem ter levado a isso — frustrações na carreira são as mais comuns —, mas até profissionais com relativo sucesso em suas áreas de atuação podem sentir um vazio tremendo, que não é mais recompensado simplesmente com mais bônus ou aumentos salariais.

Independente dos motivos para desejar uma mudança radical em seu cotidiano, tanto profissional quanto pessoal, isso exigiu de você uma longa reflexão sobre seus valores, suas crenças e seu propósito de vida.

Quando começamos nossa vida profissional, temos muitos sonhos de cunho financeiro e de reconhecimento que nos levam a modelos mentais que nos tornam mais frios, menos empáticos e muito duros com nós mesmos. Quantas vezes pensamos que:

- Regredir não seria uma opção.

- Falhar não seria uma opção.

- Amar não seria uma opção.

E aí mora o perigo.

Você pode até se transformar em um profissional implacável, mas talvez o custo seja alto demais, em detrimento de outras coisas às quais você não dará prioridade durante sua jornada, como família, amigos e sua própria diversão.

Sobre o período sabático e o que fazer com ele

Para quem nunca ouviu falar ou não sabe a origem do período sabático, o termo surgiu do hebraico *shabat*, quando os trabalhadores usavam esse descanso a cada sete anos trabalhados, assim como o sétimo dia da semana é conhecido e usado por outras culturas como o dia do repouso.

Hoje esse conceito está mais amplo e refere-se a dar um tempo para "respirar" durante a carreira. Eu defendo que o período sabático deve ser utilizado como um momento de reflexão interna, para você pensar em novos rumos profissionais, analisar se está feliz com as atividades que desempenha e se identificar com seu propósito, não só profissional, mas também pessoal.

Apesar de o período sabático ser considerado por muitos profissionais como um descanso prolongado, ele traz benefícios intangíveis e de extrema importância para sua carreira.

Alguns podem encará-lo como algo distante da maioria das pessoas e que é necessário atingir um patamar de estabilidade financeira para se dar ao luxo de "tirar um período sabático".

Mas não é bem assim. Esse momento de reflexão pode ser feito durante a transição de carreira, entre um emprego e outro, ou ao migrar de empregado para empreendedor. Há quem tire um período sabático para fazer nada, mas ele pode ser utilizado para tirar do papel o tão sonhado intercâmbio (sim, mesmo após os 30), para se ter um filho e aproveitar os primeiros meses com a cria e até para desenvolver alguma habilidade, como fazer um curso de gastronomia.

Dar um tempo para si, pensando e ponderando tudo o que aconteceu em sua carreira até o momento, poderá determinar seu sucesso futuro.

Tudo gira em torno do equilíbrio

O período sabático moderno pode ser um "acordo" entre empregador e empregado em diversas culturas, algo parecido com as licenças-prêmio que temos no Brasil; contudo, pouquíssimas ou quase nenhuma empresa privada no nosso país oferece essa opção ao funcionário.

O nível de cobrança exagerado e a intolerância com o erro formam uma bomba com grandes chances de explosão. Como falei anteriormente, a resiliência é um ótimo comportamento, porém fica mais fácil para os empregadores falarem que são *workaholics* orgulhosos e que amam o que fazem quando boa parte do lucro fica com eles e outros tomadores de decisão da empresa, e não para a equipe, que é massacrada diariamente.

Por isso, o equilíbrio é a chave desse jogo de xadrez que significa o mundo dos negócios. Você pode estar em uma empresa familiar ou uma multinacional: ter a percepção correta do momento de uma pausa "intencional" e planejada pode salvar o resto de sua carreira.

Quando tirei meu período sabático em 2018, fiz um planejamento bastante detalhado seguindo quatro etapas, que compartilharei com você agora. A seguir trago algumas dicas para você preparar um período sabático de acordo com suas possibilidades, organizado nestes quatro pilares:

→ Planejamento do Propósito

O primeiro tabu a ser quebrado é de que o período sabático é (e pode ser considerado) uma extensão de suas férias ou um simples hiato entre a sua última experiência profissional e a próxima.

Tirar um período sabático precisa representar efetivamente algo que possa transformar sua vida profissional e pessoal, por uma profunda reflexão, com ou sem a ajuda de mecanismos como meditação, cursos de aperfeiçoamento etc.

Mas o cerne da questão está em encontrar o seu propósito maior nesse período. Não considere simplesmente que você precisa descansar, e sim que você precisa de respostas. Por isso, é necessário conhecer as perguntas primeiro!

Saber o que realmente você quer para sua vida no primeiro dia após seu retorno do período sabático talvez seja a principal pergunta a ser respondida e a mais difícil delas.

Dica rápida:

Elenque três perguntas básicas sobre as quais, ao final desse período, você quer ter refletido e respondido de modo palpável:

- O que NÃO QUERO mais em minha vida profissional?

- O que MAIS ME SATISFAZ e não quero perder na minha vida profissional?

- Quanto TEMPO quero me dedicar a cada etapa de minha vida (profissional, pessoal, familiar etc.)?

→ Planejamento do Tempo e Rotina

O início de um período sabático demonstra uma ruptura completa de rotina. Para muitos profissionais, o dia a dia executivo consome muito de suas energias, e mesmo trabalhando as tradicionais oito horas diárias, a impressão é a de que trabalharam quatorze horas, de tanta energia despendida.

É comum nos acostumarmos a essa rotina, e a sensação de ansiedade talvez seja o sintoma mais difícil de combater nos primeiros dias do período sabático. Por isso, é importante estabelecer novas rotinas para compensar minimamente a falta que a antiga causará. Mesmo a anterior tendo sido tão desgastante, a gente sente falta dela, quase como uma abstinência.

Dica rápida:

Crie uma rotina com novos afazeres, pense em atividades que você sempre quis fazer, mas não tinha tempo, como ir à academia, fazer exercícios físicos, um curso, ou uma viagem. Apenas tome cuidado para não tornar novamente essa nova rotina exaustiva, que não lhe permita ter o tempo necessário para a sua reflexão.

→ Planejamento Financeiro

Muitos profissionais que se acostumaram a ambientes de alta performance e grande pressão, quando passam por um período de transição de carreira, seja por demissão ou outro motivo qualquer, tentam migrar rapidamente para o empreendedorismo ou engatar um novo job em outra empresa, como colaborador.

Para aqueles que têm a possibilidade financeira de se manter por um tempo, é totalmente salutar investir um período para refletir sobre sua carreira sem novos desafios ou preocupações imediatas.

É bastante comum ouvirmos de profissionais que eles têm a intenção de investir, por exemplo, os valores de seu acerto de fim de trabalho em um empreendimento, sem um tempo para si, seja para refletir sobre a carreira ou simplesmente descansar.

A sugestão é guardar parte desse montante para se manter, no mesmo padrão de vida, em um período sabático. Não limitaremos aqui quanto tempo é necessário para revigorar sua imagem profissional e para a reflexão sobre os rumos de sua carreira, mas é de extrema importância não engatar algo sem essa folga. E, para isso, o planejamento financeiro é essencial.

Dica rápida:

Caso tenha deixado o emprego tradicional como colaborador CLT, se for possível, separe valores como férias e aviso prévio remunerado para se manter no período sabático. Assim você não mexe em outros valores, como FGTS e outros maiores, podendo utilizá-los para um empreendimento pessoal, por exemplo.

→ Planejamento de Retorno à Carreira

Ao cumprir as três etapas anteriores, chega o momento de se preparar para retomar sua carreira, voltando ao mercado. Esse planejamento é o mais difícil de se construir inicialmente, porque é necessário ter as respostas de sua reflexão, para depois estabelecer efetivamente de qual forma será seu retorno triunfal.

Então, entenda que essa última etapa de planejamento acontece ao longo da vivência do período sabático, sendo possível uma construção mais factível e realmente coerente com suas novas escolhas, após algumas de suas principais conclusões terem sido tomadas.

Talvez, por limitações financeiras, você consiga apenas estabelecer o prazo para seu retorno, mas até isso poderá ser alterado conforme você mergulha em seu âmago e começa a se debruçar em sua reflexão.

Dica rápida:

Caso tenha uma limitação financeira, estabeleça seu retorno com prudência, para não transformar o período sabático em um tormento, tomando o tempo que deveria ser de reflexão com a preocupação com suas contas pessoais. Esse difícil e importante passo é fundamental para manter sua sanidade nesse período de autoconhecimento.

E se não for possível um período sabático?

Compreendo perfeitamente que nem sempre um profissional pode se dar o luxo de deixar um bom trabalho para repensar o futuro de sua carreira, afinal, as contas não pararão de chegar no mês seguinte. Então, o que fazer? Minha principal dica é: se tiver férias a vencer ou vencidas, não as negocie! Tente tirar esse tempo mínimo para você. Além de seu direito, é preciso ficar longe da operação, para refletir minimamente se você anda feliz ou se é apenas um momento de estresse. Não tem como eu lhe dar uma receita de bolo, mas tenho certeza de que a resposta estará muito mais próxima de você do que imagina! Com esse tempinho de reflexão, tome a frente de sua carreira e não deixe que os outros a tomem!

33

Nomadismo digital: trabalhando de qualquer lugar do mundo

"Quem anda no trilho é trem de ferro. Sou água que corre entre pedras — liberdade caça jeito."

— Manoel de Barros

Começo este capítulo parafraseando um poeta muito especial: Manoel de Barros. Um homem que amava a simplicidade da terra e que curiosamente escolheu para viver o mesmo pedacinho de chão onde nasci, o Mato Grosso do Sul. O escritor cuiabano que retratava tão bem em suas obras a satisfação de desfrutar a vida escolheu fincar raízes em um único local durante seus últimos anos. Mesmo assim, ele se sentia livre.

A liberdade não está apenas no ato de ir e vir, mas de ter suas próprias escolhas, mesmo que estas pareçam deixá-lo preso e enclausurado dentro de casa. São opções pessoais, que ninguém pode julgar.

Quando finalmente chegou o momento de me despedir do meu modelo tradicional de vida e partir para algo que desejava, ouvi muitas frases do tipo "Nossa, que sorte! Vai morar um tempo no exterior!" ou "Como você largou um emprego que todo mundo queria ter para ser andarilho?" Eu posso até compreender a surpresa, mas não posso aceitar que o que me levou a essa escolha tenha vindo simplesmente do acaso.

Foram quinze anos vendo fotos de família em reuniões em que eu não pude estar por trabalhar longe da minha cidade natal. Passaram-se diversos Natais e nascimentos de sobrinhos que eu não pude presenciar. Então a tomada de decisão que me levou à possibilidade de hoje trabalhar de onde eu quiser não foi fruto do acaso.

Na primeira semana em que experimentei esse novo estilo de vida, curiosamente busquei na memória o quão árduo havia sido chegar até ali e me lembrei do fato de que exatamente naquele ano eu completava vinte anos de carreira, desde meu primeiro estágio profissional.

O primeiro passo que aprendemos durante o período sabático é que vivenciar uma cultura também se baseia em seguir seu tempo. Sim, cada lugar tem sua própria velocidade. Quando somos turistas, nos concentramos em conhecer lugares, e por isso a nossa velocidade é quase sempre frenética. Tudo isso porque queremos aproveitar ao máximo o tempo que nos é dado no modelo tradicional de vida laboral.

A minha esposa continuou trabalhando durante os meses em que viajamos por dezessete países, e pude ver de perto que levar uma vida como nômade digital necessita de uma rotina, mesmo estando em um lugar novo por dia. Por mais que seja uma palavra abominada por muitos, a verdade é que a rotina ajuda a nos aproximarmos do que seria uma vida "normal", com momentos definidos de trabalho, descanso, atividade física etc.

Apesar de termos muita flexibilidade por trabalhar remotamente, continuamos com rituais que acreditamos ser importantes. Muitas vezes, dividimos nosso tempo de acordo com o clima da região, então, apesar de as atividades serem as mesmas, tentamos ajustá-las ao ambiente. Afinal, um belo pôr do sol na primavera não pode ser negligenciado por uma regra rígida de agenda de trabalho.

Essas adaptações em nossa rotina, de acordo com o ambiente e o clima da região, nos permitiram compreender que o acaso deve ser um fator em qualquer planejamento e em qualquer rotina. O acaso pode nos proporcionar momentos belíssimos, e, para que isso aconteça, precisamos nos permitir olhar pela janela antes de começar nossos dias.

Apesar do grande propósito e da maior sensação de liberdade que o nomadismo nos permite, alguns cuidados devem ser tomados, para não transformar uma experiência de vida tão significativa em um problema para sua carreira.

→ Conforto é relativo, mas importante

Vejo com frequência pessoas sonhando em morar no exterior ou viajar o mundo enquanto realizam um trabalho remoto. Algumas sacrificam seu conforto para viver essa experiência, porém não se adaptam, pois escolhem reduzir seu custo de vida em prol desse sonho. A redução de custo de vida é muito pessoal e relativa, mas cada um sabe até onde poderá se sacrificar para viver uma nova cultura. Pessoas que apreciam ter sua privacidade mínima terão dificuldades em se acostumar a um hostel ou albergue, por exemplo. Dessa forma, se frustram com a tão sonhada experiência, por não terem pensado ou se planejado financeiramente para isso antes.

→ Não é uma viagem de férias

Quando saí oficialmente do meu emprego formal, dediquei os primeiros dois meses do período sabático a ficar em casa, refletindo e descansando. Preparei e planejei com detalhes o meu novo estilo de vida. Ao encerrar esse período, virei a chave, estava novamente empenhado em novas atividades para uma startup no Brasil, só que trabalharia em uma cultura diferente. Assim, escolhi passar um tempo na Europa. Cuidado para não deturpar o conceito de nomadismo digital.

→ Seu trabalho remoto ou no exterior também precisa de propósito

Hoje ouvimos com menos frequência o ideal do sonho americano. As novas gerações começaram a buscar uma plena realização profissional, mesmo que as vantagens financeiras não sejam as mesmas. Há algum tempo, a maioria das pessoas tinha sonhos mais materiais e buscava um trabalho fora para retornar ao Brasil com um bom saldo no banco e, assim, viver sua vida plena no país. Isso de forma alguma é errado, mas, se for possível, tente buscar algo que o satisfaça como profissional, faça o que desejar e tenha prazer nisso. Essa busca incessante por felicidade acontecerá onde você estiver, no Brasil ou em qualquer lugar do mundo!

34

Movimento FIRE: Você já ouviu falar?

> "Quando eu era jovem, pensava que o dinheiro era a coisa mais importante do mundo. Hoje, tenho certeza."
>
> — **Oscar Wilde**

Nos últimos anos, vimos o cenário econômico do nosso país afundar ainda mais em uma crise sem precedentes. O agravamento com a pandemia da Covid-19 provou que nosso futuro é cheio de incertezas e extremamente vulnerável. O Brasil já fez e ainda tem muito dever de casa a fazer. Um desses desafios é, sem dúvida, colocar a reforma previdenciária aprovada para funcionar. Apesar de necessária, ela impactará uma geração inteira, que viverá uma nova realidade a partir do primeiro dia de sua aposentadoria tradicional.

Como todo mundo já sabe, o uso dos recursos da Previdência Social ficará ainda mais distante, e cada profissional terá de pensar em um plano B, C e talvez D para não enfrentar uma velhice com problemas financeiros.

Talvez o termo "aposentadoria" remeta ao velho modelo de vida que se aplicava aos nossos avós e pais. Quando a vida era linear, existia uma ordem quase obrigatória para as coisas acontecerem, e o ato de usufruir da previdência marcava o fim de uma vida produtiva, dando lugar a um momento sem grandes pretensões além da espera iminente da morte, sentado em um sofá em frente à televisão.

Hoje esse modelo está ultrapassado e não servirá para a nossa geração, e tampouco para as próximas. Vivemos em um mundo completamente diferente, e a velha linearidade nos abandonou há tempos.

Enquanto muitos profissionais ainda estão ligados à cultura do "usufruir as conquistas após a aposentadoria", uma nova onda de pessoas está se preparando para alcançar a independência financeira antes dos 30 anos de idade, visando não um abandono de sua vida laboral, mas buscando maior liberdade de escolha de o que fazer com o próprio tempo e sua carreira.

Mas, afinal, é possível se aposentar aos 30 neste novo mundo?

Sim, e talvez seja possível até antes disso! O conceito da nova aposentadoria leva em consideração a liberdade e a independência financeira em relação aos métodos tradicionais de trabalho e consumo.

Recentemente, esse novo modo de vida ganhou um nome, dado por uma comunidade que prega exatamente esta liberdade: a FIRE (*Financial Independence, Retire Early*), ou seja, Independência Financeira para se Aposentar Precocemente. Basicamente, a FIRE Community reúne jovens que já estão em plenitude financeira ou em busca de trocar experiências sobre o tema.

Tentando trazer o assunto à prática, o conceito de aposentadoria precoce não representa (necessariamente) desligamento de seu período produtivo, pelo contrário. Nossa expectativa de vida está cada vez mais alta, viveremos cada vez mais e melhor, inclusive na velhice. Então, a ideia primordial está em conquistar a independência financeira vivendo, por exemplo, por meio de rendimentos que possam sustentar suas necessidades básicas. Isso permite que você tenha fôlego para trabalhar no que gosta, empreender ou ter qualquer outra experiência diferente de um mercado cotidiano e tradicional.

Quer que eu revele o segredo para chegar lá?

Você tem três opções para se aposentar ainda jovem: receber uma herança, ganhar na loteria ou POUPAR! Brincadeiras à parte, todos nós, no fundo, sabemos que o planejamento financeiro é a grande sacada. E é por isso que poupar não é uma opção, e sim um mantra implacável para reter recursos no menor espaço de tempo possível. Os aposentados precoces têm uma fixação quase doentia por economizar. De maneira bastante organizada, fazem seus planejamentos de independência financeira de acordo com seus padrões de conforto e qualidade de vida. Estabelecem metas e sabem com muita antecedência o ano de sua aposentadoria.

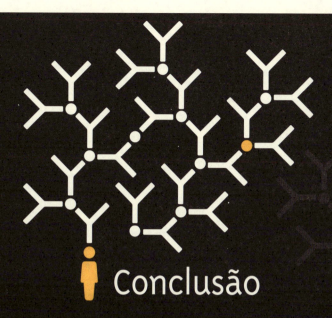

Conclusão

Felicidade é o que nos move

"Ser feliz sem motivo é a mais autêntica forma de felicidade."
— Carlos Drummond de Andrade

O que significa sucesso para você? Essa foi a pergunta que fiz ao iniciarmos este bate-papo, lembra?

Em muitos momentos deste livro, espero ter colocado mais indagações em sua mente do que obtido uma resposta concreta, até porque não existe uma única resposta.

Alguns profissionais dirão que sucesso é ter uma carreira repleta de vitórias e um alto cargo em uma grande companhia; outros falarão que dinheiro e fama representam melhor o que é ter sucesso. Tantos outros falarão que é pertencer a uma equipe coesa e alinhada.

Independentemente de estarem certos ou errados para você, vale observar que existe algo comum a todos esses perfis: o sentimento de satisfação.

Explorando o significado de satisfação na visão de apenas um entre milhares de pensadores que viveram ao longo da história da sociedade, escolhi retratar a do filósofo grego Epicuro, que defendia que a satisfação gera o que chamamos de felicidade. Segundo ele, para se alcançar a felicidade, seria necessário satisfazer os desejos individuais de forma equilibrada, sem perturbar sua própria tranquilidade.

Sendo assim, uma das diversas e possíveis definições de sucesso seria: ter um conjunto de desejos íntimos, pessoais e intransferíveis, e alcançá-los o satisfaria com plenitude, tentando ao máximo diminuir os momentos que não agregam valor.

Além dos seus desejos pessoais, que ninguém pode julgá-lo por tê-los, o profissional e o ser humano que você é hoje não será o mesmo no futuro, tampouco é o mesmo que foi no início de sua jornada. Portanto, o significado de sucesso é sempre temporal, pois tende a mudar com o tempo.

Como tratamos na sexta dimensão da Carreira Exponencial, o fator mais relevante e que muitas vezes é deixado de lado na maioria das recomendações de gurus por aí é a sua trajetória de vida. Quando algo exige que você se adéque a práticas que não combinam com sua trajetória, isso tira sua oportunidade e capacidade de pensar e agir sozinho. Sem a sua própria concepção de sucesso, você anulará o seu potencial de desejar aquilo que o satisfaria. Logo, você não será feliz.

Experimentar, testar, errar ou voltar duas casas no tabuleiro da vida faz parte da jornada e não demarca por si só o que seria uma trajetória repleta de fracassos, mas, sim, aquela que foi intensamente bem vivida.

Ao longo deste livro, você deve ter percebido que vivi diversas vidas em uma só: fui liderado e líder de pequenos e grandes times; me desliguei do mundo corporativo; fui consultor; virei mentor; atendi pessoas pelo prazer de ajudá-las a crescer, de maneira paga, mas também de maneira gratuita. Em todas elas, sem exceção, eu aprendi e me senti realizado, pois respeitei o meu MVP — Mínimo de Vida Plausível.

Hoje, se tornar útil para minha sociedade é o meu ATUAL significado de sucesso; amanhã, pode ser outro! Independente de meus objetivos mais materiais e do tempo que dure minha jornada para conquistar aquilo que coloquei como meta, aprendi ao longo de anos no mundo do trabalho que a felicidade mora na diversão diária de conviver com pessoas que compartilham dos mesmos valores que nós, fazendo algo que ajude a transformar a sociedade para melhor e respeitando sempre nossos limites físicos, mentais e éticos.

Assim como eu consegui definir o que me satisfaz no agora, desejo do fundo do meu coração que você não apenas encontre o seu próprio significado de sucesso, como o vivencie plenamente todos os dias.

Chegamos ao final da nossa jornada! Esta obra foi inspirada em inúmeras experiências que vivi, absorvi e observei no mundo no qual estou inserido. Ela não é um manual, mas se tornou um guia de referências, com o qual você pode e DEVE concordar ou discordar, pode debatê-lo, aplicá-lo ou fazer totalmente o oposto. Essa é a beleza da diversidade!

A caminhada pode ser extenuante, e errar ou acertar faz parte dela. Seja sempre o seu melhor. Seja feliz!

Um grande abraço,
Eberson Terra

Projetos corporativos e edições personalizadas dentro da sua estratégia de negócio. Já pensou nisso?

CONHEÇA OUTROS LIVROS DA **ALTA BOOKS**

Todas as imagens são meramente ilustrativas.

Coordenação de Eventos
Viviane Paiva
viviane@altabooks.com.br

Assistente Comercial
Fillipe Amorim
vendas.corporativas@altabooks.com.br

A Alta Books tem criado experiências incríveis no meio corporativo. Com a crescente implementação da educação corporativa nas empresas, o livro entra como uma importante fonte de conhecimento. Com atendimento personalizado, conseguimos identificar as principais necessidades, e criar uma seleção de livros que podem ser utilizados de diversas maneiras, como por exemplo, para fortalecer relacionamento com suas equipes/ seus clientes. Você já utilizou o livro para alguma ação estratégica na sua empresa?

Entre em contato com nosso time para entender melhor as possibilidades de personalização e incentivo ao desenvolvimento pessoal e profissional.

PUBLIQUE
SEU LIVRO

Publique seu livro com a Alta Books. Para mais informações envie um e-mail para: autoria@altabooks.com.br

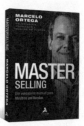

 /altabooks   /alta-books   /altabooks /altabooks